Bettina Heiniger & Ralph Dietmar Stief

Seth
Liebeskraft

Ihr seid nicht allein!

Smaragd Verlag

Bitte fordern Sie unser kostenloses Verlagsverzeichnis an:

Smaragd Verlag e.K.
Neuwieder Straße 2
D-56269 Dierdorf
Tel.: 02689-92259-10
Fax: 02689-92259-20
E-Mail: info@smaragd-verlag.de
www.smaragd-verlag.de

Oder besuchen Sie uns im Internet unter der obigen Adresse und melden Sie sich für unseren Newsletter an.

© Smaragd Verlag, 56269 Dierdorf
Deutsche Erstausgabe: Januar 2015
© Cover:
© Dmitry Pichugin - Fotolia
© Argus - Fotolia
© bOBAN - Fotolia
Umschlaggestaltung: preData
Satz: preData
Printed in Czech Republic
ISBN 978-3-95531-088-2

Widmung

Wir widmen dieses Buch unseren eigenen Kindern und im Besonderen allen sogenannten Neuen Kindern dieser Welt.

Wir wissen um ihre Verantwortung und wünschen ihnen, dass sie zu einem neuen Bewusstsein in einer neuen Leichtigkeit beitragen werden.

Inhalt

Vorwort von Jane Roberts

Hallo! Ja, ich bin es, Jane, die die Durchsagen der Wesenheit Seth vor vielen Jahren erhielt. Damals überbrachte ich die ersten Übermittlungen, worüber ich mich sehr freute, aber auch meine Leiden mit einbezog. Ich nahm diese wunderbare Persönlichkeit, meinen lieben Freund Seth, wahr. In dieser Zeit, in der ich auf der Erde inkarniert war, war so etwas noch ganz neu, ganz frisch. Nur wenige Menschen glaubten daran, dass es Übermittlungen aus dem Universum gibt, das ihr selbst seid und verkörpert.

Ihr seid stark verbunden mit diesem Universum und mit eurem Sein, das ihr auf der Erde lebt, und ich möchte euch daran erinnern, dass auch von euch noch ein Teil dort vorhanden ist.

Ich hatte die größte Mühe, diesen neuen Zugang, dieses neue Wissen, von meinem wunderbaren Mann aufschreiben zu lassen, der das alles auf die Reihe brachte, obwohl er nicht wusste, wohin wir uns bewegen. Doch erschufen wir mit dem größten Mut, mit Zuversicht und Vertrauen ein großartiges Feld. Wir nahmen es entgegen mit dem innersten Wissen, das uns zu eigen war, um es auszudrücken, aufzuschreiben und an euch weiterzugeben. Lest einmal diese Bücher, die damals entstanden sind und euch alles an Wissen präsentiert haben, das heute da ist. Ich möchte mich jetzt nicht hochloben, sondern euch den Impuls geben, euch daran zu erinnern, dass es schon vor 30 Jahren da war.

Ich freue mich umso mehr, dass ich den Mut hatte, dieses, für die damalige Zeit große Kunstwerk in die Welt zu setzen und euch zu übermitteln. Es gab viele Menschen, die es bewusst aufnahmen und glücklich dabei waren. Es gab aber auch Menschen, die mich als Spinnerin, als nicht wahrnehmenden Menschen des Seins, abstempelten. Und dort möchte ich DICH jetzt abholen – dich als noch nicht umfassend wahrnehmenden Menschen des Seins.

In diesem Buch, das Bettina und Ralph mit Seth geschrieben haben, geht es um das wahrnehmende Selbst des Seins. Versteht ihr jetzt meine Botschaft, die ich damals mitteilen wollte und die hier noch einmal aufgerollt wird, und dies in aller Präsenz und in jedem Detail? In jedem Detail, ich spreche es noch einmal aus, möchten sie es euch vermitteln und aufzeigen. Was DU daraus machst, liegt an dir. Ich, Jane, habe mich verabschiedet von diesem Thema und dieser Erde, weil es nicht mehr mein Thema ist. Ich war die Botschafterin des Neuen, was auf euch zukommt. Viele Menschen haben es wahrgenommen. Und ich komme noch einmal mit größter Dankbarkeit und einem großen Glücksgefühl zurück, um mein Werk fühlen, annehmen und in großer Liebe zu mir und zu euch Menschen aufnehmen und wahrnehmen zu können. Ich bin in tiefer und großer Verbundenheit mit Bettina und Ralph, die mein Werk, das ich begonnen habe, weiterführen und euch Erklärungen, die ich damals noch nicht hatte und euch daher nicht vermitteln konnte, präsentieren.

Meinen allergrößten Dank und meine Liebe möchte ich den Menschen aussprechen, die diese Zeilen lesen, zuhören und die neuen Botschaften wahrnehmen.

Ich liebe euch alle, jeden Einzelnen, und ich wünsche mir nichts sehnlicher, dass DU und jeder Einzelne in den Spiegel schaut und das Spiegelbild, das er sieht, auch liebt, dass du DEINE Liebe in dir erkennst, DEINE Liebe fühlst und wahrnimmst – in der Unschuld dessen, was in deinem bisherigen Leben geschehen ist.

Schau in den Spiegel und liebe dein Angesicht!
Jane

Vorwort von Seth

Die größte Kraft, die jedem Menschen zu eigen ist, ist die Kraft der wahren Liebe. Sie ist das Stärkste, was es gibt. Sie ist stärker als Macht und das, was ihr jeden Tag erlebt: Angst, Freude, Zufriedenheit und Unzufriedenheit. Alle diese Dinge werden von der Liebe überstrahlt.

Diese Kraft steht euch allen zur Verfügung, wenn ihr sie wählt. Liebe stellt keine Bedingungen an eure Mitmenschen, manipuliert, beherrscht und besitzt sie nicht.

Ihr benutzt so viele Werkzeuge und habt eure Mechanismen, euer Leben zu gestalten. Ihr denkt, dass diese notwendig sind zum Überleben, um Freude zu empfinden, Liebe zu erfahren, Anerkennung zu bekommen und für das Gefühl, euch selbst wert zu sein. Das diente euch lange und hatte auch seine Gültigkeit, um euer Leben zu erfahren und diese Erfahrungen mit eurem Leben zu verbinden. Doch jetzt hat all dies keine Entwicklungsperspektive mehr. Die Entwicklungen auf der bisherigen Ebene gehen dem Ende entgegen. Sie werden in Zukunft nicht mehr wie bisher Früchte tragen und das Gewünschte hervorbringen. Das spürt ihr selbst.

Es führt kein Weg daran vorbei, wieder eure wahre Essenz zu erkennen und wahrzunehmen. Diese Essenz beinhaltet das neue Werkzeug für euer zukünftiges Leben. Bei der Liebeskraft geht es um die Fähigkeit, wahre Liebe zum Ausdruck zu bringen, zu fühlen und in den Alltag zu integrieren. Sei es für eure Familie, eure Freunde, eure Mitarbeiter oder eure Arbeit, die ihr verrichtet. Die Liebe wirkt im Kleinsten, wirkt bis ins kleinste Detail. Durch jede Handlung und jeden Gedanken, die in dieser Liebe zum Ausdruck kommen, setzt ihr wunderschöne Samen für das Schönste, Größte und Erfüllendste in jeder Beziehung.

Um in dieser Liebeskraft wieder anzukommen, ihrer wieder bewusst zu sein, benötigt es gewisse Erkenntnisse der Zusammenhänge. Wir werden hier etliche Zusammenhänge über die Themen, die euch momentan sehr stark herausfordern, aufgreifen und uns damit intensiv befassen.

Da wir alle miteinander verbunden sind, werden wir eure Fragen mit einfließen lassen und sie neben anderen wichtigen Grundlagen beantworten.

Ich spreche in der Wir-Form, weil ihr eure Anfragen nicht nur geistig an mich stellen, sondern auch den beiden Mitwirkenden dieses Werks, Bettina und Ralph, in anderer Form zukommen lassen könnt.

Herzlichst,
euer Seth

Liebeskraft

Ich liebe dieses Wort und habe es für dieses Buch gewählt, weil es wirklich das „Ganze" beinhaltet. Die allergrößte Kraft, die jeder Mensch in sich trägt, sichtbar oder unsichtbar – die Liebe. Sie hat die größte Kraft, die es in einem Dasein, in einem Selbstausdruck gibt. Die Liebe ist alles, und sie versetzt Berge, wie ihr wisst. Für die Liebe sind Millionen von Möglichkeiten an Ressourcen in euch vorhanden. Seid euch dessen bewusst, dann fühlt ihr sie auch.

Die Liebe beflügelt euer Herz und findet sich in euch. Die Liebe, die in euch steckt, die ihr wirklich seid, ist die größte Kraft, der größte Antrieb für Situationen in zwischenmenschlichen Beziehungen. Sie ist auch in der Arbeit sowie in der Politik enthalten und führt zu gewünschten Veränderungen. Die Liebe in euch, die ihr seid, ausstrahlt und mit einbringt – sei es die Liebe zu einem Menschen, zu einem Projekt, zu einem Vorhaben oder die Liebe zu Tieren – ist das Größte und Schönste, was es an Erfüllung gibt.

Ihr seid auf der Suche danach. Wenn ihr die Liebe in und zu euch entdeckt habt, ist sie immer da.

Liebeskraft!

Die Sprache und die Liebe

Wir versuchen, so gut es geht, die menschliche Sprache zu benutzen, um über die Liebe zu sprechen. Jedoch kann sie nur einen kleinen Teil dessen, was die Liebe wirklich beinhaltet, ausdrücken. Somit schlagen wir jedem Leser vor, in die Gefühle zu gehen. Verbindet die geschriebenen Worte möglichst mit den Gefühlen, fühlt sie in ihrer Essenz. In dem Moment, in dem ihr die gelesenen Worte fühlt, werden sie ein Teil von euch. Sie sind dann nicht mehr nur gelesenes Wissen, sondern werden zur eigenen Gewissheit.

Diese Gewissheit bringt euch wieder in die eigene Ruhe und Liebe, die fortan immer präsent sein werden. Sie bringt Veränderungen nicht nur in euch und im täglichen Leben, sondern auch Veränderungen, die in euer ganzes Umfeld fließen und sich ausdehnen.

Könnt ihr euch diese wundersame Schwingung, die sich kollektiv ausbreitet, vorstellen? Ihr alle wollt eine „bessere", schönere und liebevollere Welt. Das ist aber nur möglich, wenn ihr eure Liebe wieder in euch entdeckt, euch selbst liebt und die Liebe erwartungslos in euer Umfeld einströmen lasst. Liebevolle Gedanken allein reichen nicht aus, um die Liebesschwingung auf der Erde zu erhöhen. Gedanken verblassen in dem Moment, in dem der Gedanke zum nächsten überspringt. Liebe für sich zu fühlen und auszustrahlen, verblasst niemals. Es schwingt unendlich, unendlich, unendlich…

Nur Liebe zu denken, dient dem Ego. Es ist nur äußerlich, so, wie ihr in den Spiegel schaut und nur euer Äußeres wahrnehmt. Da ist aber noch etwas vorhanden, das ihr im Spiegel nicht seht.

Dieses unsichtbare Innere ist ständig in Bewegung, kreiert und gebiert sich immer wieder neu durch eure Gefühle und Empfindungen. Das Äußere bleibt über längere Zeit gewissermaßen gleich. Diese inneren Empfindungen und Gefühle zu beleuchten, ist unabdingbar für weitere Entwicklungen. Mit diesen Aspekten werden wir uns nun befassen.

Manipulation

Manipulation ist eines der größten Machtthemen und überall anzutreffen. In der Geschäftswelt erkennt ihr dieses Muster sehr schnell. Doch wenn es um eure eigenen Themen geht, erkennt ihr es oft weniger gut. Vieles wird unter Liebe verpackt, beinhaltet jedoch unbewusst Manipulationstaktiken.

Schon als Kind wurde euch gezeigt, wie das Leben „scheinbar" funktioniert. Unbewusst haben euch eure Eltern dieses Spiel zum Überleben beigebracht, immer unter dem Aspekt der Liebe, es gut zu meinen und das Beste für euch zu wollen. Doch bei vielen wurde dadurch die Persönlichkeit manipulativ verändert.

Was ihr bei den Eltern noch erkennen könnt, wird schon schwieriger, wenn es um eure eigene Partnerschaft geht. Es gehen momentan so viele Beziehungen auseinander, weil die eigenen Bedürfnisse in den Vordergrund rücken und nicht mehr manipuliert werden wollen. Ihr rebelliert und findet dadurch wieder den Weg zu eurem Selbst.

Manipulation gab es schon immer, aber nicht in dieser versteckten Form wie heute. In eurem Beruf seid ihr teilweise Roboter geworden, weil die eigene Kreativität nicht mehr eingebracht werden kann. Ich möchte das nicht generalisieren, doch bei vielen ist es so. Ihr werdet manipuliert, etwas so und so zu verrichten, und seid eingeschränkt. Ihr seid manipuliert, euch der Gesellschaftsform anzupassen und euch entsprechend zu benehmen, wie es sich „gehört". Ihr schaut euch Filme an, die euch wiederum etwas vorgaukeln, und seid manipuliert. Ihr lest Zeitungen mit Botschaften, die euer Denken, eure Gefühle, euer Sein manipulieren. Das ist zu viel für euch geworden.

Darum wird vor allem in Beziehungen, dort, wo man sein wahres Sein leben kann, dieses Spiel nicht mehr mitgespielt. Es ist der Beginn einer Entwicklung, die sich dann auch in die Öffentlichkeit trägt. Eine Beziehung mit sich selbst zu haben lässt keine Manipulationen mehr zu und führt diese auch nicht mehr aus. Wenn ihr das erkannt und in euer Leben integriert habt, wird sich auch das Umfeld verändern. Löst diese manipulativen Abhängigkeiten und freut euch darüber.

Ihr habt euch unbewusst die ganze Zeit von den Manipulationstechniken genährt und daran erfreut, um euch wertvoll zu fühlen. Jetzt spürt ihr, dass es euch nicht mehr erfüllt und es nur ein momentanes Wohlgefühl ist, euer Ego damit zu füttern. Ja, ihr habt euch die ganze Zeit davon ernährt, euch wohl und sicher gefühlt und spürt jetzt, dass es noch etwas anderes gibt.

Die Manipulationstechnik spielt sich immer nur im Außen ab. Ich spreche von Technik, weil es eine Art Akt ist, wie ihr das Leben handhabt und gehandhabt haben wollt. Daraus auszusteigen wirbelt euch total auf, weil es darum geht, das Gewohnte zu verlassen, das bisher passend war und funktionierte.

Auf einmal aber fühlt ihr, es funktioniert nicht mehr, es erfüllt euch nicht mehr. Darin sind bereits eure Fragen zum Weltgeschehen enthalten. Ihr hinterfragt, was in der Wirtschaft abläuft, wie die Wirtschaft euch manipuliert, euch etwas suggeriert und euch zu eigen machen möchte. Lange Zeit habt ihr darauf gebaut, es als richtig und wichtig angenommen, dort mitzumachen, das Spiel mitzuspielen, um euch in Sicherheit zu wähnen. Doch jetzt ist Aufbruchstimmung, und einige von euch, noch ein kleiner Prozentsatz, fühlt, dass das Ganze nicht mehr stimmig ist.

Fühlt einmal in euch hinein, im Kleinen, in eurem Umfeld, wo ihr diese Sicherheit und Abhängigkeit, dieses Besitzen-Wollen noch lebt. Das ganze System kann sich nur durch jeden

Einzelnen verändern, der es erkennt und seinen eigenen Weg in die Unabhängigkeit einschlägt.

Die Menschen sind eingebunden in ihre Arbeitsweise, in ihre Tätigkeit, die sie verrichten, und ergeben sich dieser Manipulation des erfüllen Müssens. Sie überlegen sich weniger, dass das Gremium, in dem sie arbeiten, abhängig ist von den Mitarbeitern und deren Arbeit. Die Systeme geben ihnen gewisse Vorstellungen vor, was sie erfüllen müssen, und das ist wieder Manipulation.

Es gibt schon Dinge, die dem Thema und dem Zweck dienen, aber es dient nicht mehr, dieses Alte im Ganzen weiterzuverfolgen, es hat keinen Bestand mehr. Altbewährtes macht schon Sinn und hat noch eine gewisse Gültigkeit, doch nur begrenzt. Einige Anteile an alten Werten können nicht mehr überleben, wenn nicht die eigenen Gedanken darin einfließen können.

Jeder Einzelne hat den Wunsch, die totale Freude und Erfüllung in jedem Moment zu erleben. Das ist auch das, was es anzustreben gilt und was auf euch wartet. Es kann nur gelingen, wenn ihr euren Alltag, euer Gewohntes, nicht zum Nonplusultra macht. Steht zu euch, hinterfragt die üblichen Konventionen und bringt mit Mitgefühl eure neuen Ideen ein. Glaubt nicht, dass eure Ideen auf unfruchtbaren Boden stoßen. Habt den Mut, euch zu verwirklichen, auch zum Wohl aller.

Wenn ich in hier etwas deutlich werde, soll das nur der Aufdeckung dienen und euch fordern. Es sind Feststellungen, die wachrütteln wollen, versteht es bitte nicht als Anklage gegen euch persönlich. Es steht mir nicht zu, über euch zu urteilen. Ich beschreibe nur den momentanen Entwicklungsstand auf der Erde, wie er sich im Kleinen und im Großen darstellt. Das kann für euch manchmal etwas heftig wirken. Alles immer nur in Licht und rosarote Wolken zu hüllen, ist nicht hilfreich. Deshalb spreche ich die Zusammenhänge klar in der Du-Form aus, um erst einmal grundsätzlich jeden anzusprechen. Ihr fühlt dann, wo etwas bei euch anklingt.

Das System, das ihr euch aufgebaut habt, funktioniert nicht mehr. Es braucht den Mut jedes Einzelnen, seine Kreativität und seine Identität mit einzubringen. Nur das kann zu wahrer Fülle und Gleichberechtigung führen. Authentisch sein bedeutet, den Mut zu haben, für sich einzustehen und sein Selbst im Leben zum Ausdruck zu bringen. Dadurch erlebt die Gesellschaft eine Erweiterung und bleibt nicht in alten Normen und Formen begrenzt, die sich nicht mehr stimmig anfühlen.

Liebe ist, authentisch zu sein mit sich selbst, sich diese Liebe zu schenken und die eigenen Gefühle anzuerkennen. Beziehungen im Geschäftsbereich scheitern daran, das es „Untergebene" gibt, die sich anpassen und Wünsche erfüllen.

Die Liebe ist nicht nur ein zwischenmenschliches Thema, das sich zwischen zwei Menschen abspielt. Die Liebe ist in jeder Handlung, in jeder Begegnung. Wahre Liebe ist die totale Präsenz, die in sämtlichen Handlungen fühlbar ist.

Gerade die Menschen, die ihr am meisten liebt, eure Kinder und die Nahestehenden, manipuliert ihr, ohne es zu wissen, in hohem Maße, um euch ihrer Liebe gewiss zu werden und ihre Liebe zu euch zu erhalten. Ihr regt euch auf über die Welt und beklagt, was die Wirtschaft macht, die Banken machen und alles Mögliche, doch ihr selbst manipuliert euch und die eigene Familie.

Ihr liebt eure Kinder über alles, und ihr wollt alles geben, aber es ist nicht wirkliche Liebe. Ihr wollt eure Kinder zum Gehorsam erziehen, zur Anpassung, zum Überleben. Doch wahre Liebe ist, den Kindern gegenüber Freiheit und Respekt zu gewährleisten.

Viele von euch bringen dieses Einfühlungsvermögen schon auf, weil bereits viele „Neue Kinder" inkarniert sind und ihr durch sie herausgefordert werdet. Die Kinder reagieren nicht mehr auf das Alte, sie gehen nicht mehr darauf ein.

Es ist eure Herausforderung, und trotzdem versucht ihr, die Kinder immer wieder zurechtzubiegen und sucht dazu Weisheiten in Büchern und anderen Medien. Ihr hört nicht auf euer Herz und auf eure wirkliche Liebe, die euch die Antwort geben kann. Ja, die wirkliche Liebe ist hier gefragt. Die Bücher und all das „vermeintliche Wissen" sind nur Erklärungen für den Verstand. Das reicht aber nicht aus. Fühlt einmal in euer Kind hinein.

Mit euren Erziehungsmethoden manipuliert ihr eure Kinder und seid zugleich abhängig von ihnen. Sie aber spiegeln nicht diese Abhängigkeit und wollen euch nicht manipulieren. Ihr seid immer wieder in Konfrontation damit, euch selbst zu beweisen, dass eure altbewährten Werte euch die Sicherheit bieten, die gar keine Sicherheit mehr ist. Es geht um liebevolles Annehmen, ohne die Perspektive, was im Außen gefordert und dienlich ist, außer Acht zu lassen.

Gültigkeit sollte nur noch haben, den Menschen in seinem Selbst zu bestärken, ihn in seiner Eigenart, in seiner Eigenschaft, wie er ist, anzunehmen und es ihm zu überlassen, was er daraus macht.

Die Sprache dient euch, das auszudrücken, was ihr wollt, und mit dem Ausdrücken drückt ihr dem Vis-à-vis leicht einen Stempel auf: Manipulation. Eure Sprache ist meistens an Bekanntes und Gelebtes gebunden, was wiederum die Forderung beinhaltet, euer Eigenes für richtig und wahr anzunehmen.

Die innersten Gefühle werden nicht oder kaum ausgesprochen. Es fehlt der Mut dazu. Dahinter steckt die Angst, euch über diese eure Gefühle SELBST mitzuteilen. Ihr wählt die gewohnte Sprache, die euch bisher gedient hat, um von euren Mitmenschen angenommen zu werden. Doch eure wirkliche Sprache der inneren Gefühle sprecht ihr nicht aus, aus Angst davor, nicht akzeptiert zu werden.

Das ist ein ewiges Rad, eine ewige Mühle, in der ihr euch im Kreise dreht. So viele Menschen wünschen sich doch für sich, Gefühle ausdrücken zu können und die innere Wahrheit zu sprechen. Es ist jedes Menschen innerster Wunsch, das zu tun. Doch nur wenige haben den Mut und die Bereitschaft, für sich selbst einzustehen.

Es wäre für alles sehr bereichernd, wenn ihr es schafft, euer Selbst, euer Sein, eure Gedanken, eure Gefühle preiszugeben und anderen als Bereicherung zur Verfügung zu stellen. Alles, was in bisheriger gewohnter Form ausgesprochen wird, unterstützt nur das alte Denken, die alte Sicherheit, die es gilt, loszulassen.

Es gibt viele Menschen, die vom Verstand her ein Programm übermitteln und damit die Zuhörenden programmieren. Es gibt jedoch keine allgemein gültige Wahrheit, und es ist an der Zeit, sich jedes Menschen Wahrheit anzuhören und nicht aufgesetzte ausgesprochene Wahrheiten zu übernehmen.

Um wie vieles wird eure Erde reicher und vielfältiger, wenn ihr eure Vielfalt an Ideenreichtum lebt und weitergebt. Die Erde ist ein Befruchtungsplanet, auf dem neues Leben entsteht. Seht sie nicht mehr in der Begrenztheit von Dogmatismen und Richtlinien, sondern erkennt die Vielfalt, die Üppigkeit eines jeden Lebewesens. Die Erde wird zu einem (in euren Vorstellungen) Paradies. Sie ist es bereits, aber sie wird noch zu einem ganz anderen Paradies, wenn ihr alles annehmt und die Vielfältigkeit zulasst und mitwirkt.

Es mag sich für euch im Moment unvorstellbar anhören, doch im Inneren fühlt ihr diese Sehnsucht danach. Es kommt aber nicht einfach von allein. Euer Mitwirken gehört unabdingbar dazu.

Vergesst die alten Vorstellungen von Propheten, Engeln, die das für euch bewirken. Sie können euch dabei unterstützen, aber es braucht eure Bereitschaft und eure Willenskraft, es auch umzusetzen. Die sogenannten Propheten und Engel sind in eurem Umfeld zu finden. Die Propheten spiegeln auch die Menschen, die euch eine Gültigkeit erklären, „was Sache ist". Die Engel sind immer wieder diejenigen, die euch als guter Freund oder gute Freundin aus diesem Dilemma dann heraushelfen.

Ihr spielt dieses Spiel der Polarität hervorragend und beruhigt euch damit, am Leben teilzunehmen und aktuell zu sein. Lebt viel lieber den Propheten und den Engel in euch, ohne es zu bewerten, ohne es als Wichtigkeit und Gültigkeit zu empfinden. Propheten und Engel stecken in jedem Menschen. Es ist das Authentisch-Sein, für sich selbst einzustehen und sich selbst zu lieben.

Liebt auch die Anteile an euch, die euch weniger gefallen. Sie gehören ebenso mit in diesen Veränderungsprozess. Wenn ihr diese Anteile, die ihr selbst noch hinterfragt, annehmt und euch deswegen liebt, können sie keinen Menschen mehr manipulieren. Sie stoßen einfach auf Liebe und kommen nicht als Aggression oder Manipulation beim anderen Menschen an. Es ist absolutes Verständnis und Anteilnahme und dient als anschaubare Gleich-Gültigkeit des Abwägens.

Die Ausdrucksweise, die ihr wählt, beinhaltet die Ausstrahlung, die ihr seid. Verwechselt nicht, euer „Ego", eure Wunschvorstellungen auszudrücken mit dem Ausdruck eurer Liebe und eures Herzens. Die Liebe und das Herz beinhalten euren inneren Wunsch, eure Sehnsucht, wie euer Leben sich gut anfühlen würde und gelebt werden möchte.

Lernt zu unterscheiden, was ihr aussprecht und was dabei eure eigenen Unzulänglichkeiten, Vorstellungen und Denkinhalte spiegelt. Erkennt, was ihr zum Ausdruck bringen möchtet. Lernt zu unterscheiden, was mit Liebe geprägt ist und eurem inneren Ausdruck von Sehnsucht und Glücklichsein entspricht.

Ein Wort, unbedacht ausgesprochen, kann zerstören und eure Ohnmacht darstellen.

Ein Wort, ausgesprochen in Liebe, wird sich ausdehnen und neue Freude erschaffen.

Verantwortung und Authentisch-Sein

Wir haben über das Authentisch-Sein, über die Liebe zu dir selbst gesprochen. Es ist mit vielen Tücken und viel Altbewährtem verbunden.

Wenn eure Seele, euer Innerstes zu euch spricht, zeigen sich die wirklichen Wünsche, die in euch schlummern, die Sehnsucht, die in euch währt. Es ist aber eine Kunst, diese ins Leben einzubringen.

Der Mechanismus des ständig Erfüllen-Müssens, was euer Verstand euch vorgibt, wovon ihr geprägt seid, und das Erfüllen, das die Umwelt von euch erwartet, ist wohl ein anmutvolles, kreatives, selbstständiges Projekt. Wenn ihr aber den Mut habt, eure innersten Gefühle und Wünsche umzusetzen und einzubringen, habt ihr einen großen Schritt zu eurem Selbst erreicht.

Es ist ein anderes Erreichen als bisher, wo es darum ging, die Gesellschaftsbedingungen zu erfüllen. Wagt diesen Schritt in euer Selbstsein. Wagt diesen Schritt, für euch selbst einzustehen, euer Inneres zum Ausdruck zu bringen. Nur dann könnt ihr euch selbst annehmen und akzeptieren. So kommt ihr in eure Zufriedenheit, in euer Authentisch-Sein und in eure Selbstliebe.

Das Äußere spiegelt euch im Moment etwas anderes, aber habt keine Angst davor. Das Äußere ist nur an eine kurze Zeit in eurem Leben gebunden.

Die Firmen, die Gesellschaften, in denen ihr arbeitet, nehmen sehr wohl auf, dass ihr authentisch sein wollt. Sie sind sich inzwischen auch bewusst, wie wertvoll jeder einzelne Mensch ist. Und sie wissen, wie viel die Mitarbeiter zum Erfolg beitragen, auch wenn noch weiterhin Manipulation vorherrscht.

Eltern werden sich ebenfalls immer mehr dessen bewusst, wie sie mit ihrer Art der Erziehung ihrem Kind etwas mitgeben.

Kinder wissen genau, wie sie mit ihrem Dasein in der Welt und für das Leben etwas beitragen. Jeder Mensch setzt neue Impulse. Es geht nicht mehr im Alleingang. Nur durch das Einbringen jedes Einzelnen gelingt etwas Neues, Befriedigendes, Schönes, Erfüllendes.

Die Dogmatismen von einem „Oberhaupt" sind vorbei. Und glaubt mir, die Mehrzahl der „Oberhäupter" will auch gar nicht mehr diese Dogmatismen leben. Sie wollen nicht mehr die Verantwortung übernehmen für Alles-was-ist, für alles, was passiert und geschieht. Sie wünschen sich zunehmend Menschen, die sich einbringen, und eine Gemeinschaft, die miteinander neue kreative Ziele verfolgt.

Längst haben die führenden Persönlichkeiten erkannt, dass sie am Limit angekommen sind. So hoffen sie inständig auf eure Unterstützung und euer Einbringen, am Ende für das Ganze. In diesen sogenannten „Oberhäuptern" findet auch eine Wandlung statt, die nicht mehr nur dem Materialismus zugehörig ist. Das ist schon längst gelebt und nicht mehr befriedigend.

Etwas aufrechtzuerhalten entspringt nicht nur einer Firmenphilosophie, sondern entspricht der ursprünglichen Idee eines Menschen. Dieser Wunsch hat viele Gesichter, auf die wir jetzt im Moment nicht alle eingehen werden. Dieser Wunsch hat ein Ziel, dem Menschen zu dienen, zum Beispiel mit einem Produkt. Aber er will auch euch Menschen eine Möglichkeit bieten, für euch selbst sorgen zu können. Oft möchtet ihr selbst an der Position dieser Idee sein, aber vielen ist es auch egal, ob sie in solch einer Position sind. Wenn es keine Menschen gäbe, die ihr kreatives Potenzial zur Verfügung stellen würden, was würdet ihr dann tun?

Innerhalb dieses jetzigen Systems könnt ihr sehr viel tun, indem ihr euer ganzes Selbst einbringt. Ihr könnt in jedem Moment freiwillig wählen, ob ihr eine Idee unterstützen und dabei mitwirken möchtet, oder ob ihr eine andere Idee vorzieht und euch dort hineinbegeben wollt. Euer Leben würde sich angesichts dieser eurer bewussten Wahl verändern. Möglicherweise würde es innerhalb der Firma zu einer Veränderung führen, oder ihr würdet die Firma wechseln. Deshalb macht nicht andere Menschen dafür verantwortlich für das, was ist, sondern erkennt eure Bedürfnisse und wählt sie.

In der Liebeskraft steckt eine große Einfachheit, die über den Verstand nicht nachvollzogen werden kann. Auch diese Dinge, die ihr jetzt lest, versucht ihr erst einmal über den Verstand zu erfassen. Das ist auch gut so. Doch im Weiteren möchte ich euch empfehlen, es einfach auf euch wirken zu lassen und die Worte zu fühlen, die in eurem Verstand nachklingen.

Alles, was ihr mit dem Verstand erkennen, erfassen möchtet, wirkt als gewisse „Schwere". Dadurch stellt es sich eher blockierend für eure Weiterentwicklung dar. Es blockiert euren Wunsch, das alles zu erkennen und in euch selbst wieder zu fühlen. Es ist aber wesentlich einfacher für euch, wenn ihr euer Herz öffnet und auf euer Inneres hört.

Euer Inneres weiß um die Dinge und ist bereit, sie euch wieder zugänglich zu machen und in das jetzige Leben zu integrieren. Fühlt die gesprochenen Worte in euch, wann immer nur möglich, wann immer es euer Zeitplan, in den ihr noch eingebunden seid, zulässt. Schenkt euch die Zeit, euch einmal mit eurem Inneren zu beschäftigen und nicht immer nur im Außen zu „ge-schäftigen".

Eure Seele will sich in eurem Sein wieder präsent fühlen und zum Ausdruck bringen. Dafür müsst ihr nicht viel tun, so, wie sonst in eurem Leben, wo man für alles etwas tun muss.

Nehmt euch immer wieder selbst in die Arme und gebt euch die Zeit, euch zu leben, anstatt die Umarmungen im Außen zu suchen, die euch dann wirklich „umgarnen".

Findet eure tiefsten Wünsche wieder und findet zu dem, was ihr wirklich seid. Ihr empfindet dann keinen Mangel mehr, wenn ihr außer euch seid, im Außen handelt und euch dem Gewohnten wieder fügt.

Üblicherweise bringt ihr euer ganzes Sein in den Alltag ein, ins Außen, und findet trotzdem nicht die Ganzheit, die euch erfüllt. Diese Ganzheit steckt in euch, in eurem Inneren. Ihr selbst seid das Ganze. Nur wenn ihr diese Ganzheit, dieses Ganzsein, wieder zulasst und euch auf den Weg dahin begebt, fühlt ihr euch wieder vollständig. Das Außen ist nur ein Teilaspekt, der eure Wünsche, euer Streben nach der Suche zu eurer Ganzheit, spiegelt.

Wie ist es, dieses Ganzsein und diese Ganzheit zu sein? Es ist die totale innere Zufriedenheit. Die gesamte Fülle, Schönheit und Freude in allem zu erkennen und zu empfinden. Die Schönheit, die in der Ganzheit steckt, drückt sich in allem aus. Ihr seht wieder das Schöne in eurem Leben, das sich im Moment eures Verstandesbewusstseins als Hindernis, als Unvollkommenheit darstellt.

Und dennoch ist diese Unvollkommenheit auch größte Vollkommenheit. Bis jetzt seid ihr so viele Kompromisse eingegangen. Ihr habt diese Unvollkommenheit, die „nicht totale Zufriedenheit", einfach akzeptiert. Ihr habt sie als Schicksal hingenommen, eben als Unvollkommenheit eures Selbst. Und ihr habt sie als Mangel der Außenwelt für euch bestimmt.

Diese Wahrnehmungen zeigen euch nur den Wunsch nach Vollständigkeit, die Sehnsucht nach dem Ganzen. Ihr tut euch so schwer damit, das Ganze zu finden. Ihr denkt, es gibt es nicht, resigniert in eurem Alltag und seid bereit, euch der Bequemlichkeit der Auseinandersetzung zu ergeben. Es gibt keine Auseinandersetzung. Es gibt nur das, was ihr seid – das Ganze. Folgt dem Weg eures Herzens, eurer Wünsche, eurer Gefühle und lebt diese.

Ihr Menschen versteckt euch oft hinter dem Thema Verantwortung.

VER-ANT-WORT – ANTWORT

Ihr versteckt euch hinter dem Thema, Verantwortung für dieses oder jenes zu übernehmen, und erwartet auch die „Antwort" von außen. Das Außen soll eure Wünsche erfüllen, euer Innerstes wahrnehmen, auf eure Bedürfnisse eingehen und euch glücklich machen.

Die Verantwortung dafür steckt in **euch**. Es ist nicht die Verantwortung, das Außen zu erfüllen, sondern euer Inneres wahrzunehmen. Übernehmt die Verantwortung für euch selbst! Versucht nicht, sie im Außen von Institutionen oder euren Mitmenschen zu erhalten. Die Verantwortung habt ihr mitgebracht in dieses Leben, in diese jetzige Zeit, um euch wieder dessen bewusst zu werden, was sie überhaupt bedeutet.

Verantwortung zu übernehmen ist eine gute Sache, wenn sie nicht nur an Bedingungen geknüpft ist. Verantwortung übernehmen kann nur ein Mensch, der die Verantwortung für sich ganz übernommen hat, sich seiner bewusst ist und das auch zum Ausdruck bringt.

Es gibt jedoch zwei Seiten von Verantwortung in eurem Leben. Da ist zum einen die Verantwortung, die vom Verstand geprägt und darauf ausgerichtet ist, Äußeres zu erfüllen. Und zum anderen die Verantwortung, die aus eurem Inneren kommt, aus eurem Ganzsein, und eure Persönlichkeit darstellt, in größtem Wissen.

Dieses Wissen ist von Mensch zu Mensch unterschiedlich, und trotzdem ist es eins. Aber jeder hat seine Begabungen, seine Talente, und bringt sein Wissen zum Ausdruck. Und weil es inneres Wissen ist, steckt darin die Verantwortung des Ausdrucks dessen.

Dieses kann euch doch nur aufzeigen, dass es um absolutes Vertrauen geht. Traue dich, dein Wissen einzubringen! Dieses ist ein Katalysator, ein aufbauendes, kreatives Zusammentun, das aus eurer Ganzheit heraus auch eine Ganzheit aller neu entstehenden Schöpfungen macht. Hierin stecken das wahre Potenzial, die wahre Freude und Fülle für euer derzeitiges Dasein. Es ist nicht mehr an unabänderliche Dinge, an Dogmen gebunden. Es dient der Entfaltung und Entwicklung in eine neue Zufriedenheit und in eine neue Selbstverständlichkeit, der nichts mehr fehlt.

Ihr denkt vielleicht, es ist nicht möglich in dieser Welt, in diesen „Ver-Ordnungen", in denen ihr lebt. Doch genau da, und nur da, ist es möglich, ein neues Bewusstsein einzubringen. Es braucht den Mut des Einzelnen, die Verantwortung für sich und sein Dasein zu übernehmen und es den anderem zur Verfügung zu stellen, damit sich wirklich etwas verändert.

In der heutigen Zeit sind nicht mehr Hunderte von Menschen nötig, die dasselbe verfolgen. Jeder einzelne Mensch bewirkt nun Großes und wirkt als Katalysator für viele andere.

(Seth kommt jetzt ganz sanft und gefühlvoll)

....ich spreche DICH jetzt an, nehme dich in den Arm und möchte, dass du die Liebe fühlst, die DU wirklich BIST – die Liebe, das Wunderbare, das Ganze, die wunderbare Genialität deines Seins – ich möchte dich fühlen lassen, wer DU bist...

Ich möchte dich jetzt inniglich einladen, eine Pause zu machen und mit deinem Verstand über das, was du bisher gelesen hast, in deine Gefühle einzutauchen und dich einzulassen...

Es wäre wunderschön, wenn du dir jetzt eine Gelegenheit, eventuell auch „Ge-legen-heit" schaffen würdest, um all dies auf dich wirken zu lassen.

Nimm ein Bad, höre dir schöne Musik an, gehe Spazieren. Tue, was auch immer im Moment dein Wunsch ist, und lass es wirken. Spüre dabei die Liebe, die DU bist. Spüre deine Wünsche, deine Visionen, die du hast, fühle dein GANZES, das DU BIST.

Nimm diese Gefühle mit, die sich in deiner Entspannung offenbaren, und erkenne DEINE ESSENZ.

Essenz ist für euch noch ein schwieriges Wort. Was beinhaltet die Essenz? Essenz beschreibt grundsätzlich euren innersten Kern, das, was ihr wirklich seid. Hier ist Essenz der Teil von euch, der jetzt gelebt werden möchte.

Lies jetzt nicht weiter. Gehe in die Stille. Gehe in dein Innerstes.

Mache jetzt diese Pause für DICH.

Sexualität

Heute ist ein besonderer Tag.

Du hast dir die Auszeit genommen, um zu dir zurückzufinden, um zu fühlen, wer du bist und wie du mit dir umgehst.

In der Badewanne konntest du dich so richtig leicht fühlen, wenn du vorher in dir alles ausgeschaltet hast. Du konntest dich wirklich wieder fühlen. Du hast deine Kraft gespürt, die in dir steckt, und was sich hier entfalten will.

Wenn du dich aufs Fahrrad gesetzt hast, hast du dort deine Kraft verausgabt, das Zuviel in Ruhe gebracht und deine Entspannung gefunden.

Wenn du einen Spaziergang gemacht hast, hast du alles in dir aufgenommen, was an Schönheit vorhanden ist.

Fühle jetzt, wie es dir im Moment geht. Wie fühlst du dich jetzt? Was hast du mit deinen Kräften und mit deiner Energie gemacht? Wie hast du sie eingesetzt?

Diese Kräfte erwecken ein körperliches Gefühl, und dieses körperliche Gefühl will sich zum Ausdruck bringen. Es ist eure Sexualität, die sich meldet und Beachtung finden möchte. Sexualität hat nicht nur etwas mit zwischenmenschlichen Beziehungen zu tun, sondern auch sehr viel mit dir selbst. Sie ist auch dazu da, dass du eine Verschmelzung mit dir eingehen kannst. Hier gibt es verschiedene Versionen und Arten des Daseins, die ihr zu leben gewählt habt.

Es ist eines jeden Menschen Bedürfnis, eine Verschmelzung zu erfahren und zu erleben, die nicht unbedingt an einen Partner gebunden ist. Diese Erfahrungen habt ihr alle schon gemacht. Ihr könnt Sexualität auf der körperlichen Ebene mit euch selbst erfahren. Ihr könnt Sexualität, wenn ihr euch auf dem Fahrrad abstrampelt und dadurch Entspannung findet, auch „fahren lassen".

Bei einem Spaziergang in der Natur erfahrt ihr die Sexualität, indem ihr erkennt, wie die Natur sich verbindet. Und ihr könnt dabei eine Verschmelzung empfinden.

Sexualität ist nichts anderes als die Verschmelzung der männlichen und weiblichen Anteile in euch. Bisher war es Standard und das Denken darauf ausgerichtet, dass immer ein Partner dazu nötig ist. Doch jetzt fühlt ihr, dass ihr keinen Partner mehr dazu braucht.

Ihr könnt Sexualität genauso im Wasser, das die Gefühle zur Verschmelzung bringt, erfahren. Ihr könnt sie auf dem Fahrrad „erfahren", was den Verstand befriedigt. Und ihr könnt sie in einer Landschaft erleben, wo ihr die Verschmelzung der Natur in euch aufnehmt.

Sexualität ist im jetzigen Zeit-Raum ein wichtiges Thema, das Beachtung verdient. Es geht dabei um weit mehr als eine körperliche Verschmelzung. Wie schon gesagt, geht es darum, männliche und weibliche Anteile in sich zu integrieren.

Menschen sind verschieden. Die einen beinhalten mehr weibliche, andere mehr männliche Anteile, unabhängig vom Geschlecht, das ihr gewählt habt.

Es gibt Frauen, die männlicher sind als viele Männer. Und es gibt immer mehr Männer, die aber noch in der Minderzahl sind, die weiblicher sind als Frauen. Das ist auch das zentrale Thema der vielen Homosexuellen. Im Moment überwiegen die männlichen Homosexuellen, weil mehr von ihnen aus der männlichen Rolle aussteigen möchten aufgrund ihrer vielen weiblichen Gefühle, die sie in sich tragen.

Die Frauen bringen den männlichen Anteil verstärkt im Geschäftsleben, im Beruf und in ihrer Aktivität mit ein.

Es gibt viele männliche Homosexuelle, die ihre männliche Rolle gar nicht aufrechterhalten wollen und sich danach sehnen, die weiblichen Anteile, die in ihnen stecken, vermehrt zu leben. Bewertet es nicht. Schaut es euch einfach als Bewusstseinsentwicklung an, als Evolution der totalen Verschmelzung, die eine Sexualität darstellt.

Bisher war die Sexualität zu einem großen Prozentsatz an Körperlichkeit gebunden. Sie war mehr ein Ventil-Ablassen über den Körper von Aggressionen und der unbewussten Kräfte, die in euch stecken. Diese körperliche Befriedigung erfüllt euch mittlerweile nur noch einen Augenblick, weil eure Seele eine andere Verschmelzung wünscht, die beständig ist.

Da es momentan nichts Andauerndes und Verlässliches aus eurem Sicherheitsdenken heraus gibt, kann euch die Sexualität mit einem Menschen auch nicht die Erfüllung bringen, die ihr euch erwünscht.

Eure Sexualität, wie die meisten von euch sie leben, basiert auf Abhängigkeit. Ihr seid abhängig davon, jemand anderen zu brauchen, um die eigenen Bedürfnisse zu erfüllen. Und dann erwacht ihr aus diesem Moment und fühlt, dass sich überhaupt nichts erfüllt hat. Ihr sucht die Verschmelzung immer im Vis-à-vis. Daher auch der Ausspruch „meine bessere Hälfte…meine andere Hälfte", weil ihr euch nicht als Ganzes fühlt. Und so lange ihr eure bessere Hälfte sucht und auch in der Sexualität zu finden erhofft, seid ihr immer auf der Suche und kommt nicht bei eurem Ganzen, bei eurem Selbst an. Sexualität möchte euch aber bewusst machen, dass ihr sämtliche Anteile, die in euch stecken, wieder in euch integrieren wollt.

Ihr fühlt euch im Moment vielleicht mehr als Frau, und da wären die männlichen Anteile in euch interessant, die ihr verinnerlichen möchtet.

Fühlt ihr euch mehr als Mann und seid es leid, ein Mann zu sein, dann sucht ihr nun die weiblichen Anteile, um in die Gefühle zu kommen. Aber vergesst nicht, in jedem weiblichen Anteil steckt auch das Männliche. Ihr erkennt es daran, wie viel mehr Frauen männliche Anteile leben. Und sie leben diese Kunst des Organisierens und Sich-Kümmerns nicht nur auf der emotionalen, sondern auch auf der materiellen Ebene.

Und ihr Frauen seht, wie eure Männer nicht nur ihre männlichen, materiellen, versorgenden Anteile leben und leben möchten, sondern auch die weiblichen Anteile in sich integrieren und fühlen wollen. Hier steckt im Männlichen ebenso auch das Weibliche. Und darin findet die Verschmelzung statt. Es ist nichts anderes als Sexualität, die Verschmelzung vom Männlichen und Weiblichen.

Diese Verschmelzung ist der in euch eigentlich vorhandene Wunsch. Und er offenbart die Sehnsucht und die Gefühle, die sich in euch regen und bemerkbar machen, die sich aufdrängen und sich verwirklichen möchten.

Seht ihr nun, dass die Sexualität gewissermaßen in Abhängigkeit aufgebaut worden ist? Der andere möge mich erfüllen, Mann oder Frau. Es ist eine Abhängigkeit, die immer nur an Erwartungen gebunden ist und das Warten beinhaltet, so lange, bis die Erkenntnis da ist, worum es wirklich geht.

So lange nicht die Erkenntnis des Mitgefühls in erster Linie für euch selbst da ist und darüber hinaus für euren gewählten Partner, seid ihr in dieser Abhängigkeit. Absolute Verschmelzung beider Anteile findet ihr nicht aneinander, sondern in euch selbst. Euer innerster Wunsch ist es, diese beiden Anteile in euch wieder zu fühlen und zu integrieren. Sie waren schon immer da, aber ihr habt sie verdrängt.

Jeder, der das jetzt in sich fühlt, spürt meine Worte und die Intention, die dahinter steht. Ganz-Sein! Ganz-Sein in dir selbst! Beide Anteile in dir verschmelzen zu lassen und damit die Verantwortung für dich zu übernehmen und keinem anderen Menschen oder keinen anderen Einflüssen und Umständen zu übergeben. Das kann nicht oft genug wiederholt werden!

Wir werden zu einem späteren Zeitpunkt noch einmal intensiv in das Thema Sexualität eintauchen.

Homosexualität

Beleuchten wir einmal dieses Thema.

Homosexualität, ob zwischen Männern oder Frauen, gab es schon immer. Es ist nichts Neues. Neu ist nur, dass es in der Öffentlichkeit gezeigt und gelebt wird. Das Bedürfnis des Selbst ist stark präsent – den Wunsch nach eigener Erfüllung nicht mehr zu verstecken.

Es ist etwas Natürliches, ein natürlicher Wunsch, dieses unbegrenzt leben zu können und nicht mehr in Schuld oder als menschenverachtungswürdig zu erleben.

Die Regeln und Normen haben euch gelehrt, dass es für eine Beziehung immer einen Mann und eine Frau braucht. Doch wenn ihr meine Worte, die männlichen und weiblichen Anteile zu integrieren, um ganz zu werden, verstanden habt, könnt ihr auch dieses jetzt verstehen.

Die homosexuellen Menschen sind im eigentlichen Sinn Revolutionäre, die es sich nicht einfach machen, euch dieses vorzuleben.

Natürlich gibt es auch Homosexuelle, die auf der Suche sind und noch nicht zu sich gefunden haben, die „seichte Oper".

Doch gibt es so viele Homosexuelle, die den Wunsch haben, auch sich und die eigenen Bedürfnisse leben zu können. Eure Gesellschaft toleriert das mittlerweile ganz gut. Doch dahinter versteckt sich noch immer ein Gedanke des Unnatürlichen, des Unnormalen, nicht der Norm zu entsprechen.

Wenn ihr in euch hineinfühlt, spürt ihr dann nicht, dass genau diese Normen auch für euch nur noch Zwang sind und nicht mehr innerstes Bedürfnis?

Immer mehr Homosexuelle getrauen sich mittlerweile, ihr Bedürfnis nach Außen zu tragen. Sie haben den großen Mut, sich dem zu stellen. Auch wenn eure Gesellschaft das toleriert, kann sie es noch nicht vollständig verstehen und nachvollziehen und bewertet es auch oft. Aber das ist nur der Verstand, der sagt, es sei nicht der Norm entsprechend. Wenn ihr richtig hinschaut, erkennt ihr auch in homosexuellen Paaren, in Frauen wie in Männern, eine gewisse Suche nach Ergänzung. Auch dort spielen sich dieselben Themen ab wie zwischen Mann und Frau. Bei Homosexuellen ist auch immer ein Teil mehr männlich veranlagt und der andere Partner mehr weiblich. Das ist im Moment auf der Erde noch gegenwärtig. Doch dahinter steckt auch der absolute Wunsch zur totalen Verschmelzung. Homosexuelle fühlen in sich diesen Wunsch, und deshalb wählen sie nicht einfach den anderen geschlechtlichen Part, der bisher einem Gedankenmuster, einer Form entspricht. Sie fühlen bereits, dass es um eine Verschmelzung geht, die nicht mit Mann oder Frau zu tun hat, sondern mit ihnen selbst.

Solche Beziehungen haben es äußerst schwierig. Es ist nicht leicht, sich in dieser Zeit mit eben noch diesen Gesetzgebungen, Ansichten und Moralvorstellungen so zu outen. Seht ihr, wie viel Mut diese Menschen brauchen, sich zu outen und ihre Authentizität, die sie bereits gefunden haben, zum Ausdruck zu bringen?

Nicht dass ich jetzt dieses Thema als Nonplusultra beschreiben möchte. Es gibt kein Nonplusultra. Alles hat seine Gültigkeit und Richtigkeit. Doch geht es um einen Respekt jedem einzelnen Menschen gegenüber, ohne zu bewerten und zu urteilen.

Diese Ansicht, dass es nur eine Partnerschaft zwischen Mann und Frau im Physischen gibt, darf jetzt gerne aufgelöst werden.

Eine Beziehung zwischen Mann und Frau wird immer vorherrschen, immer einen größeren Anteil bilden, weil es der Fortpflanzung dient. Und trotzdem seht ihr, wie die Menschenbevölkerung rasant ansteigt, und ihr sorgt euch, dass der Platz für all diese Menschen nicht ausreicht. Es gibt schon Regionen, die euch bekannt sind, in denen ein Paar nicht mehr als ein oder zwei Kinder haben darf.

Deshalb ist es auch wunderschön mit anzuschauen, wie viele Menschen sich vorstellen, keine eigenen Kinder zu haben. Erlaubt doch diesen Menschen, Kinder zu sich zu nehmen, die dadurch ein weitaus besseres Zuhause haben könnten, als sie es sich im Moment „ausgesucht" haben. Um wie vieles könnte es einfacher sein, die alten Strukturen und Denkmuster aufzulösen und das Schöne, das wunderbar Kreierende, dahinter zu sehen. Alles würde sich natürlich und von selbst regeln.

Homosexuelle Frauen und Männer erleben genauso eine tiefe Liebe miteinander und übernehmen genauso viel Verantwortung, wie es ein „normales" Paar in eurer Welt tut. Ich möchte damit in euch nicht ein besonderes Lob für die Homosexuellen hinterlassen, sondern euch vermitteln, dass auch dort wirkliche Liebe vorhanden ist.

Schaut euch einmal die Beziehungen zwischen Mann und Frau an. Schaut euch Eltern an, die Kinder geboren haben, aber nicht richtig die Verantwortung dafür übernehmen können, weil sie noch auf der Suche zu sich selbst sind. Das sind die meisten Menschen. Doch gibt es hier Unterschiede. Es geht um die Liebe. Und wo ist die Liebe, die einem Kind geschenkt werden kann? Da spielt es doch keine Rolle, wie die Menschen physisch ausgestattet sind, sondern was sie von Herzen weitergeben können.

In der Mehrzahl sind viele Beziehungen am Scheideweg. Die Kinder nehmen sehr wohl wahr, wo die Liebe in einem Zusammenleben nicht mehr fühlbar ist. Sie wissen genau, wo die Liebe in einer Beziehung nicht mehr vorhanden ist.

Ich habe das Thema „Homosexualität" bewusst an dieser Stelle hineingebracht, um die Aufmerksamkeit von EUCH wegzulenken.

Deine Aufmerksamkeit ist zu sehr der Wichtigkeit deines Selbst in der Beziehung „Mann und Frau" zugewandt. Ich möchte dich bitten, diesen Loslösungsaspekt mit der Erkenntnis zu sehen, dass es um dich geht.

Es gibt in der Öffentlichkeit und auch in der Politik bereits sehr viele Paare, die sich zu ihrer Homosexualität bekennen. Und es sind Menschen, die absolut nicht den Anschein erwecken, nicht kompetent zu sein. Gerade die Homosexuellen, die sich in der Öffentlichkeit authentisch zeigen, sind die wahren Selbstfinder. Sie zeigen euch auf, dass es keinen Dogmatismus gibt vom Althergebrachten, ob Mann oder Frau. Diese Persönlichkeiten, die ihr bereits kennt (die Namen muss ich euch nicht sagen), stellen eine hohe Kapazität dar. Sie verkörpern ein hohes Menschenbewusstsein, bringen es zum Ausdruck und leben es auch privat.

Inzwischen wird das von euch angenommen und akzeptiert, weil diese Menschen am Leben teilhaben, sich integrieren und euch mit vollem Bewusstsein ihr großartiges Wissen, ihre Begabungen zur Verfügung stellen. Es dient dazu, euch aufzuzeigen, dass das menschliche Leben nicht auf Normen, auf alten Bewusstseinsinhalten und Regeln, „was sich gehört", aufgebaut ist. Anstand und Sitte haben nicht mehr diese Bedeutung.

Ihr könnt in diesen Menschen die Großartigkeit ihres Selbst erkennen und akzeptieren, dass sie sich zum Ausdruck bringen und euch allen so viel mitgegeben haben. Großes Mitgefühl und Respekt, dass sich diese Menschen leben und den Mut haben, ihre Bedürfnisse und Wünsche trotz der Öffentlichkeit der großen Masse preiszugeben!

Ihr fühlt, ja, ihr respektiert in eurem Herzen diese tiefe Liebe und das Authentisch-Sein und möchtet es selbst in euch integrieren.

Vom Herzen her fühlt ihr diesen großen Wunsch nach Selbstakzeptanz und sich selbst zu leben.

Versteht mich jetzt nicht so, dass ihr zu Homosexuellen werden müsst. Es geht darum, dass ihr eure Bedürfnisse, euer Innerstes wahrnehmt, dazu steht und es lebt.

Mut hat in diesem Sinn genau mit sexuellen Bedürfnissen zu tun. Wenn sexuelle Bedürfnisse nicht ausgelebt werden, wird auch der eigene Mut nicht ausgelebt. Beides ist miteinander verbunden. Den Mut zu haben, für sich einzustehen und die eigenen Bedürfnisse zu leben, ist Sexualität. Es ist die Sexualität, die Verschmelzung mit dir selbst, die männlichen mit den weiblichen Anteilen des Gefühls zu verbinden.

Mut zu haben geschieht nicht einfach so. Du weißt das. Ihr denkt, Mut zu haben ist nicht für jeden bestimmt. Da gibt es die mutigen Krieger, die dann schlussendlich sterben. Doch das hat einen anderen Inhalt.

Jeder Mensch ist ein mutiger Krieger, und das Sterben beinhaltet bloß, etwas Altes loszulassen und es nicht mehr für sich zu wünschen. Es beinhaltet, den Mut zu haben, die eigenen Bedürfnisse, egal, welche es sind, zuzulassen. Das ist immer noch eingegrenzt.

Ihr lebt noch in einer begrenzten Welt. Und das, was ich jetzt gesagt habe, ist immer noch begrenzt in dem Umfeld, in dem ihr euch befindet.

Die Entgrenzung findet nur in euch statt, unabhängig davon, ob ihr in der Öffentlichkeit Unbegrenztheit vorfindet. Diese Unbegrenztheit findet ihr erst in euch, und sie macht euch offen für sämtliche Möglichkeiten im Leben.

Das Umfeld kommt erst danach, wenn ihr authentisch seid. Erst müsst ihr in euch klar sein über das, was ihr seid, über eure Kräfte und Möglichkeiten und dass niemand sie eindämmen kann. Es geht nur um eure Entscheidung, diese Klarheit, diese Freiheit, diese Kraft in euch zu leben, unabhängig vom äußeren Geschehen.

Heterosexuelle Beziehungen

Liebesbeziehungen zwischen Mann und Frau sind ein großes Geschenk, das ihr euch selbst gemacht habt. Diese Liebesbeziehungen enthalten eure tiefe Sehnsucht nach Ganzheit. Ihr wählt euch mit einem Partner Freude aus, eine Freude, die ihr bisher in euch noch nicht integrieren konntet.

Anfänglich ist diese Freude sehr groß, weil sie in euch die Sehnsucht verkörpert, die tief in eurem Inneren liegt. Es ist die Sehnsucht nach den unbewussten Aspekten eures Selbst, die momentan noch nicht integriert sind.

Ihr verliebt euch in den Partner und gleichzeitig in diese Aspekte eures Selbst, die ihr wiederfinden möchtet.

Mit der Zeit des Daseins, des Sich-Betrachtens und des Lebens dieser Sehnsucht verblasst jedoch das wirkliche Interesse daran, es für immer in euch integriert zu halten. Ihr kompensiert es dann über den Partner. Doch auf einmal erfüllt euch das nicht mehr. Es tritt in den Hintergrund, und ihr bemängelt diese eure eigenen Aspekte an eurem Partner.

Das kann auch nicht anders sein, weil ihr bei der Suche nach euch aufgegeben habt, zu eurem Innersten zu finden. Somit könnt ihr euer Innerstes auch nicht wieder in euch integrieren. Es verblasst, weil ihr es eurem Partner überlasst, diese Suche für euch aufrechtzuerhalten. Ihr macht ihn nun dafür verantwortlich, euch diese inneren Aspekte im Alltag zu schenken. Doch richtig schenken müsst ihr es euch, aus der Tiefe eures Herzens.

Da ihr hierzu noch nicht die völlige Bereitschaft habt, kommt dann der Zeitpunkt in einer Beziehung, wie ihr sie momentan noch auf der Erde lebt, an dem ihr unzufrieden werdet. Ihr werdet unzufrieden, es euch immer nur anzuschauen, es im Außen zu konsumieren, zu genießen und es nicht in euch mit einem

Selbstverständnis zu fühlen. Diese Getrenntheit und Geteiltheit eures Selbst führt zu Unausgeglichenheit und macht euch zugleich hilflos. Ein Partner kann euch nie etwas ersetzen, das ihr in eurem Inneren besitzt.

Es ist so wunderbar und herrlich, wenn ihr erkennt, was euch euer Vis-à-vis mitteilen möchte. Wenn ihr das versteht und zu eurem Eigenen macht, findet ihr zu euch, zu eurer eigenen Liebe. Dadurch seid ihr auch wieder respektvoll zu euch und könnt auch den Partner wieder respektieren. Dann begegnet ihr ihm in Liebe und nicht in dem Mangel eures Selbst. So könnt ihr ihn dann ebenso in Liebe leben lassen und seid nicht mehr auf seinen Mangel ausgerichtet. Eure zerstörerischen Erwartungshaltungen gehen auf diese Weise zurück.

Hier kommt jetzt noch ein weiterer Aspekt hinzu. Dafür gehen wir noch einmal zum Anfang eurer Beziehung.

Zuerst baut ihr gemeinsam ein gewisses Vertrauen auf, um euch einander sicher zu fühlen, begebt euch jedoch in die Abhängigkeit. Schaut euch einmal dieses „Vertrauen" an und seht, was wirklich dahintersteckt. Es ist ein Sicherheitsbedürfnis, sich aufeinander verlassen zu können. Es beinhaltet bereits „Verlassen können". Ihr wollt das Verlassen-Können unterbinden und das Sicherheitsbedürfnis festmachen, um euch sicher zu fühlen.

Im Moment spüren viele den Umbruch, dass diese Sicherheit, dieses Festmachen, nicht mehr dem innersten Wunsch entspricht. Ihr spürt schon lange, dass euch diese Sicherheit nicht mehr die ersehnte und erwartete Erfüllung bringt. Ich möchte das nicht generalisieren, es gibt natürlich Ausnahmen. Doch in den meisten Beziehungen läuft es so, dass eure Vorstellungen von Bindung dem heutigen Zeitgeist nicht mehr entsprechen. Die Zeiten haben sich geändert, und euer Innerstes hat immer mehr das Bedürfnis, sich selbst zu leben und zum Ausdruck zu bringen. Es möchte sich nicht mehr alten Vorstellungen unterordnen. Dieses Unterordnen war für jeden zu Beginn der Beziehung noch Wunschvorstellung.

Es ist das Natürlichste eines jeden Menschen, sich weiterzuentwickeln und Veränderungen anzugehen. Euer Innerstes weiß um diese Dinge. Es möchte das Leben erfahren, um diese Weiterentwicklung voranzutreiben.

Es ist absolut natürlich und auch sinnvoll, diesen Impulsen, diesen Sehnsüchten nachzugehen, um euch selbst zu finden. Das geht nicht im Außen vonstatten, sondern in eurem Inneren. Das Außen (damit ist euer ganzes Leben gemeint – Beziehungen, Eingebunden-Sein in einem Umfeld usw.) dient euch nur, damit ihr erkennt, wo es euch hinzieht, wo eure Sehnsüchte liegen und wie ihr dahin kommt.

Noch einmal zur Verdeutlichung:

Eure Denkvoraussetzung für eine Beziehung, eine Partnerschaft, eine Liebesbeziehung, baut teilweise noch auf dem alten System auf. Ihr wählt, euren Partner zu lieben und ihn so anzunehmen, wie er ist. Und anfangs gelingt es euch auch. Doch nach geraumer Zeit drängt euer Innerstes dazu, diese Anteile eures Partners ebenso in euch zu integrieren. So schleicht sich Unzufriedenheit in die Beziehung ein. Diese projiziert ihr vorerst auf den Partner, und das verursacht eine Trennung, die euch wieder als einzelnes Ich mit euch selbst in Beziehung bringt. Ihr wollt nicht mehr, dass euer Partner gewisse Aspekte lebt und in den gemeinsamen Alltag einbringt.

Es gefällt euch nicht, dieses, was ihr noch nicht in euch integriert habt, nur anzuschauen. Ihr lehnt es ab und teilt in Richtig und Falsch.

In Wahrheit spricht nur eurer Selbst zu euch, das diese Anteile als Ganzes auch kennen möchte. Alles, was ihr ablehnt oder euch nicht zufriedenstellt und glücklich macht, solltet ihr euch genau ansehen. Bewertet es nicht, sondern integriert es als eure Anteile in euch. Wie gesagt, es sind Anteile, die ihr an euch ablehnt, die aber in euch enthalten sind.

Nur, da ist etwas in euch, das dagegensteuert, das eine Gegenwehr bewirkt. „Gegen-Wehr" – ihr wehrt euch, den anderen Menschen, den ihr voll und ganz annehmen wolltet, jetzt so zu akzeptieren, wie er ist. Damit lasst ihr eure unbewussten und verdrängten eigenen Aspekte in euch ebenso nicht zu.

Jedem Menschen geht es so. Schaut euch euren Lebenspartner an: Auch er erkennt in euch unbewusst genau diese, ihm nur noch nicht bewussten, eigenen Anteile. Auch er ist auf der Suche nach sich selbst. In dem Moment des Erkennens des scheinbaren Mangels durch die Darstellung des Partners aber seht ihr letztendlich nur euch. Doch könnt ihr euch einmal in euren Partner einfühlen, der mit seinen unbewussten Wünschen seines Inneren dasselbe erlebt, die er dann ebenso als Mängel seines Partners (also als eure Mängel) ansieht. Fühlt hier einmal hinein. Fühlt es einmal…

Oh, erschreckt jetzt nicht, es ist nicht dasselbe Bild, das ihr im anderen seht. Es sind nur dieselben Anteile. Und wie diese sich im Außen darstellen, kann sehr unterschiedlich sein. Aber es ist die Essenz eines jeden von euch. Es ist euer Ureigenes, das sich verkörpert, das angeschaut und verändert werden möchte. Es sieht nur anders aus, fühlt sich anders an, als es sich im Leben mit eurem Partner zeigt.

Dieses zu erkennen führt zu einer noch großartigeren Liebe zu eurem Dasein, zu euch selbst und zum Verständnis für eure momentan gewählten Partner.

Schafft ihr es, dieses zu erkennen und zu fühlen, zu empfinden, versteht ihr auch die Manipulationstechniken, über die wir schon gesprochen haben. Sie machen keinen Sinn mehr, da sie eure Seele nicht mehr erfüllen.

Macht diesen Schritt des Erkennens, um euch selbst wahrzunehmen. Erkennt euer Verhalten und eure Denkvorgänge.

Wenn ihr in einem Konflikt mit eurem Partner steckt, geht es meistens um eure ureigenen Bedürfnisse. Diese lassen euch im Moment euren Partner und seine ureigenen Bedürfnisse nicht wahrnehmen. Das ist auch nicht in jedem Augenblick sinnvoll, weil ihr ja zuerst euch selbst finden möchtet, was eine gewisse Zeit dauert. Gönnt euch diese Zeit, ohne den Partner verantwortlich zu machen.

Konzentriert euch auf euch und nicht auf das Äußere, dann erkennt ihr, was ihr wirklich möchtet, was euch wirklich erfüllt und glücklich macht: LIEBESKRAFT!

Wenn ihr das erkannt und integriert habt, stellen sich neue Bedürfnisse ein. Ihr befindet euch dann auf einer Ebene, auf der ihr euch fragt: Stimmt diese Beziehung noch für mich oder nicht? Etwas Integriertes hat keine Spannungen mehr, ihr empfindet es nun als uninteressant. Somit wird auch die Beziehung uninteressant und langweilig, weil eure Seele, euer Innerstes, das Bedürfnis hat, weiterzugehen und sich für neue Entwicklungen zu öffnen.

Bleibt ihr jedoch dem alten Sicherheitsbedürfnis treu, schleicht sich Resignation ein. Eure Seele aber will nicht resignieren, sie will sich durch euch leben und ausdrücken. Und diese Wahl, die ihr trefft, zeigt sich dann auch im Körper. Hier spricht euer Körper für eure Seele.

Wenn der Körper reagiert, sucht ihr die Gründe auch wieder im Außen. Dort wollt ihr herausfinden, was alles für euren Zustand verantwortlich ist: die Umwelt, das Essen, die Gene, die

„Vererbungen". Und ihr übergebt wiederum die Verantwortung allem anderen, nur nicht euch selbst.

Seht ihr nicht, dass ihr hier nicht die Verantwortung für euch übernommen, sondern resigniert habt, eurem Selbst die Liebe zu geben? Ihr habt aufgegeben, euer Selbst anzunehmen und ihm den Raum zu geben, sich zu entfalten.

Eure Unzulänglichkeiten, die euch euer Körper bewusst und fühlbar macht, zeigen im Prinzip nur die Unzulänglichkeiten zu euch selbst. Diese habt ihr zuvor immer auf euren Partner projiziert und nicht für euch angenommen. So habt ihr jetzt noch einmal die Chance, euch diese Thematiken bewusst zu machen, sie zu verinnerlichen und auch zu integrieren.

Das mag sich im Moment für euren Verstand „unverständlich" anfühlen. Er will ja nicht fühlen, sondern konkrete Hinweise haben. Diese habt ihr jedoch die ganze Zeit erhalten. Verfolgt sie einmal zurück. Überdenkt die Situationen in eurem Leben, in denen ihr euch gefügt und nicht in euch geschaut habt. Ihr werdet diese Situationen und Erlebnisse erkennen, wenn ihr ins Gespür geht, wo ihr euch unwohl gefühlt habt, wo sich etwas nicht stimmig angefühlt hat. Dieses Unwohlsein drückt euer Körper jetzt aus. Es ist eine weitere Gelegenheit, zu euch zu finden, euch eure Wünsche anzuschauen. Seht jetzt, wo ihr sie nicht gelebt habt. Wo ihr euch nicht zum Ausdruck gebracht und aus Sicherheitsgründen oder mangelndem Selbstvertrauen und fehlender Authentizität nicht den Mut dazu gehabt habt.

Ihr habt die Verantwortung in diesem Moment für euch nicht übernehmen können. Seid nicht traurig. Es sind menschliche Züge, die euch so lange Zeit geprägt und etwas vorgegeben haben, was richtig und falsch sei. Auch die Sehnsucht spielt eine große Rolle, die wahre Sehnsucht, und nicht zu erkennen, was euer Innerstes wirklich möchte. Doch jetzt seid ihr an dem

Punkt, an dem euer Innerstes sich so stark zum Ausdruck bringen möchte wie nie zuvor.

Freut euch jetzt einfach, euch selbst wahrzunehmen. Erlaubt euch, eure Bedürfnisse zu leben. Erlaubt euch, die Liebe, die ihr seid, zuzulassen und zu erkennen, wer ihr wirklich seid:

LIEBESKRAFT!

☆☆☆

Glücksgefühle

Es gibt auch Beziehungen, die durchaus auf gegenseitigen fruchtbaren Boden stoßen. Es sind Beziehungen, die auch im anderen Partner die Liebe sehen, die Unvollkommenheit in der Vollkommenheit, die ihr zuvor an euch entdeckt und angenommen habt.

Die Liebeskraft zwischen zwei Menschen kann die Liebe, die ihr bereits für euch empfindet, noch steigern. Wenn beide die Liebe zu sich selbst wiederentdeckt haben, ist sie in einer Partnerschaft das größte Geschenk überhaupt.

Es ist der natürliche Wunsch der meisten Menschen, sich mit jemandem in absolutem Verständnis auszutauschen. Die Liebe möchte ausgedrückt werden und sich weiter verschenken. Ja, diese Liebe verschenkt sich und ist nicht an Bedingungen und eigene Bedürfnisse gebunden.

Es ist die größte Selbstverständlichkeit, diese ganze Liebe mit dem passenden Partner zu tauschen. Es ist erfüllend und ein tiefes Bedürfnis eines jeden Menschen, Zärtlichkeit zu geben und auch zu empfangen. Zärtlichkeiten zu empfangen ist die Nahrung eurer Seele, die euch glücklich macht.

Wirkliches Glücksgefühl erkennt ihr daran, dass es dauerhaft bleibt und nicht nach kurzer Zeit wieder verblasst. Wirkliches Glücksgefühl kommt von tief innen, von innerer Zufriedenheit, weil keine weiteren Bedürfnisse mehr da sind. Die Bedürfnisse nach Zärtlichkeit sowie ihre Erfüllung geschehen wie von selbst. Es ist das innere Sein, das sich nicht zurückhält. Dieses Sein lebt.

Es gibt solche Beziehungen, die sich erfüllend gefunden haben und das jeden Tag leben. Es ist ein Dauerzustand, der anhält und durch keine Ereignisse im Außen gestört wird.

Euer aller Wunsch ist es, solch eine Verbindung und große Liebe mit einem Menschen leben und austauschen zu können.

Darin erkennt ihr, was eure Seele bereits weiß, wie es um eure jetzige Beziehung steht. Ist ein freiwilliger Austausch mit Glücksgefühlen und Freude vorhanden, oder zeigt sich irgendwo ein Mangel?

Solche Beziehungen müssen nicht unbedingt scheitern. Erkennt das Fehlende und den Mangel eurer Gemeinschaft. Nehmt es an, und jeder kann dann in sich diesen Mangel durch bewusstes Handeln auflösen. Das kann Beziehung verändern und sie wieder spannend und interessant machen. Doch es beinhaltet die Bereitschaft beider Partner. Wenn nur einer einen Mangel in sich fühlt oder sich Wünsche für ihn nicht erfüllen, ist eine Entfremdung vorhanden.

Unzufriedenheit und Langeweile in einer Beziehung bedingen und beinhalten den dringenden Wunsch nach Veränderung. Auf der einen Seite akzeptiert ihr die Unzufriedenheit, und auf der anderen Seite drängt es euch danach, erfüllt zu sein. Dieser Widerspruch in euch löst Konflikte aus – in euch und mit dem gewählten Partner.

Euer innerer Konflikt wird immer im Außen sichtbar. Innere Konflikte wirken sich auch auf das Umfeld aus, zuerst auf eure Kinder, dann auf Freunde, Bekannte, die Arbeit und schließlich auf euren Körper.

Konflikte verabschieden sich nicht einfach und verschwinden dann für immer. Ungelöste Konflikte bauen sich im Inneren noch mehr auf. Deshalb macht es keinen Sinn, über etwas hinwegzusehen und auf bessere Tage zu hoffen. Nur das Ändern eines Zustands, eines Bedürfnisses, ändert auch die folgende Zeit.

Aus Bequemlichkeit, Angst oder dem Frieden zuliebe ein Thema nicht anzugehen, ist für niemanden förderlich. Ihr erweist euch und eurem Partner keinen Dienst, wenn ihr gegebene Umstände einfach nur akzeptiert. Ein Hinnehmen bedeutet immer, vollkommenes Glück und vollkommene Liebe nicht erleben zu können. Mit diesem Hinnehmen gestattet ihr euch und eurem Partner nicht, die wahre Liebe kennenzulernen.

Ihr denkt, es ist Liebe, zu schweigen und eine Sache auf sich ruhen zu lassen. Liebe ist jedoch nicht auf Bequemlichkeit und Schweigen aufgebaut. Liebe dient der Entwicklung und bringt sich im Weiterkommen zum Ausdruck.

Geht keine Kompromisse ein, wenn ihr zu eurem wahren Glück, zu eurer wahren Zufriedenheit und zu eurer wahren Liebe und Ganzheit findet möchtet. Steht zu euren echten Gefühlen und Bedürfnissen und drückt diese liebevoll in eurem Leben aus.

Wenn ihr morgens beim Aufstehen wählen könntet, ob es ein trauriger, trister oder ein fröhlicher, glücklicher Tag werden soll, würdet ihr euch, ohne zu überlegen, sofort für den glücklichen Tag entscheiden. Nehmt dieses Selbstverständnis für alle eure Themen und Wünsche und wählt immer das Schönere. Sucht und findet das Schöne in euch.

Tu dir etwas Gutes!

Tu dir etwas Gutes und mach dir eine Freude!

Diese Freude soll aber nicht nur im Außen mit einer Beschäftigung oder einem Besuch von Freunden oder Veranstaltungen stattfinden. Nein, tu dir etwas Gutes und mach dir eine Freude, indem du DICH besuchst.

Es gibt viele Möglichkeiten, dir eine Freude zu bereiten. Diejenigen, die du im Außen suchst, können im Moment deine Stimmung anheben und dich glücklich machen, sei es eine Veranstaltung, ein gutes Gespräch oder ein Ausflug. Sogar ein Einkaufsbummel kann dir Freude bereiten.

Doch diese Dinge schenken dir nur ein vorübergehendes Glücksgefühl. Auf die Dauer wird es immer wieder nur zu einem Ersatz für die wirkliche, tiefe Freude, die du empfinden möchtest. Es geht um die Suche nach dir, die Freude, die Zufriedenheit in dir.

Keine äußere Aktivität bringt dir dieses dauernde Glücksgefühl, das tief in deinem Inneren vorhanden ist und immer präsent sein kann.

Besuche DICH! Damit tust du dir wirklich etwas Gutes.

Gerne werden die Freuden im Außen gesucht, weil es einfacher ist. Doch damit setzt ihr euch immer wieder vielen äußeren Ein- und Ausdrücken aus, die euch eher be-lasten als ent-lasten.

Erst einmal habt ihr Interesse an den vielen Möglichkeiten, die sich euch bieten. Ihr seid neugierig darauf. Doch dann spürt ihr, dass diese Äußerlichkeiten euch eher ermüden. Viele von euch ertragen die Stille, die in euch wiederentdeckt werden möchte, noch nicht. Ihr bemüht euch, ruhig dazusitzen, und doch findet ihr die Stille und die Ruhe nicht, weil ihr euren Verstand zu sehr beschäftigt. Das kann nicht zur Ganzheit führen. Es ist nur einseitig.

Eure Gefühle in euch warten darauf, wieder entdeckt zu werden. Erforscht sie! Aber das braucht innere Ruhe und Stille.

Versucht einmal, euch eine Viertelstunde hinzusetzen, ohne etwas zu tun, einfach zu sitzen, in einen bequemen, losgelösten Zustand zu kommen und euch zu entspannen. Am Anfang mag es für einige noch schwierig sein, doch gebt nicht auf und übt es regelmäßig. Versucht jeden Tag, in eure Ruhe zu kommen. Zeit ist eine Illusion. Wenn ihr wirklich wollt, findet ihr die Zeit.

Wenn ihr wieder zu euch selbst finden, eure Ganzheit und Vollkommenheit fühlen möchtet, ist es unabdingbar, für einen

MORAWA
MOSER

Und was lesen Sie?

Buchhandlung Moser
Morawa Buch und Medien GmbH
Am Eisernen Tor 1, 8010 Graz
Tel. 0316 83 01 10
Unsere Online-Buchhandlung: morawa.at

---

1 Heiniger B: Seth - Liebeskraft 2091272242012		18.30 1

S u m m e	EUR	18.30

Gegeben BAR	50.00
Rückgeld	31.70
Im Betrag von	18.30
sind 10.0% MWST (1)=	1.66
Warenwert	16.64
UID-Nr.: ATU 50366401	

Es bediente Sie: Fr. Mag. Freitag MOS
Wir danken für Ihren Einkauf

Umtausch nur mit Kassenbon innerhalb
von 14 Tagen.
Kein Umtausch:
Zeitschriften,DVDs,CDs,
geöffnete Software und Sprachcomputer

Bon 21200144   -   22.3.2016 11:35

kurzen Moment aus dem Tagesgeschehen auszusteigen. Ihr werdet sehen, wie wunderschön es ist, euch neu kennenzulernen und neu zu finden.

Wenn in einer Zweierbeziehung nicht beide den Wunsch haben, sich selbst zu finden, entsteht ein Ungleichgewicht. Jeder kann sich auf seine eigene Art finden. Der eine legt sich in einen ruhigen Raum, der andere geht lieber in die Natur, wieder ein anderer schließt sich vielleicht einer meditativen Gruppe an. Für eine Paarbeziehung, in der sich beide weiterentwickeln und den Weg gemeinsam weitergehen möchten, ist das die beste Voraussetzung.

Schritt für Schritt kommt ihr so aus den bisherigen Erwartungen und Abhängigkeiten heraus. Und anstelle dessen entsteht Respekt vor euch und somit Respekt und Verständnis vor dem Partner.

Dieser Respekt unterscheidet sich von dem, was ihr bisher darunter verstanden habt. Ihr „respektiert" zum Beispiel Gesetze, weil sie unabänderlich sind. Ihr „respektiert" das Wetter, weil ihr es nicht beeinflussen könnt. Ihr „respektiert" eine Situation, weil ihr denkt, sie nicht verändern zu können. Ihr „respektiert" den Partner, weil ihr denkt, ihr müsst ihn so annehmen, wie er ist.

Doch dieser „Respekt" ist begrenzt, er ist immer im Unabänderlichen. Bei unabänderlicher Sicht kann keine Veränderung stattfinden. Der neue Respekt, der in euch entsteht, ist voller Verständnis und Liebe und bedeutet **keine** Selbstaufgabe. Er integriert und beinhaltet das Selbst.

Ihr werdet mit diesem Respekt und der Liebe, die in euch wieder zum Vorschein kommen, im Leben anders auf die Dinge zugehen, auf gewisse Situationen reagieren und anders mit eurem Partner kommunizieren.

Daraus entsteht wirkliche Harmonie. Harmonie bedeutet, im Gleich-Gewicht zu sein. Wie das Wort sagt: Beide sind gleich wichtig. Der eine nimmt sich nicht mehr wichtiger als der andere.

Wenn ein Paar diesen Weg für sich wählt, kann daraus eine überaus fruchtbare Beziehung entstehen, die Ungeahntes erweckt und Schönes zum Blühen bringt. Es ist eine Beziehung, die immer weiterwächst, die sich immer mehr entfaltet und euch ungeahnte Glücksgefühle bringt. Doch zuerst bedeutet es, dass jeder für sich diese Freude und Glücksgefühle gefunden hat. Erst nach der Verschmelzung mit euch kann eine wirkliche Verschmelzung mit einem Partner stattfinden.

Dieser neue Zugang zueinander bewirkt auch eine Veränderung in eurer Sexualität. Diese Verschmelzung lässt euch auch in der körperlichen Liebe verschmelzen. Es ist nicht mehr nur noch körperliche Liebe und ein körperliches Bedürfnis, sondern ein tiefes inneres Bedürfnis in euch, diese Gefühle auch mit dem Partner verschmelzen zu lassen.

Die Ruhe und die Stille, von der ich anfangs gesprochen habe, sind auch hier von großer Bedeutung. Nehmt euch auch genügend Zeit, Ruhe und Stille, um euren Partner zu fühlen, wirklich zu fühlen, um euch selbst zu fühlen und dann miteinander zu verschmelzen.

Bei vielen ist die Sexualität unbefriedigt, weil sie diese tiefen Gefühle nicht kennen und zulassen. Weil ihr es noch nicht gewohnt seid, die Verschmelzung in euch selbst zu erleben, ist es wichtig, dass ihr euch immer genügend Zeit nehmt, euch und euren Partner kennenzulernen.

Schaltet lieber abends den Fernseher einmal nicht ein oder nehmt euch für einen Sonntag nichts weiter vor. Stattdessen gestattet euch, Zeit für euch allein oder zu zweit zu haben, ohne äußere Aktivitäten.

Sexualität ist in der heutigen Zeit zu einem großen Geschäft geworden. Das Geschäft boomt, und das Interesse der Menschen ist groß, möglichst viel darüber zu wissen. Doch ist es nur die Suche danach, euch selbst zu finden, das Wissen um euch selbst, das ihr nur in euch antreffen könnt.

Versucht einmal, Sexualität mit euch selbst zu erleben. Fühlt eure eigene Sexualität. Was ihr dabei herausfindet, ist viel größer und schöner als das, was ihr bisher von außen gehört und wahrgenommen habt.

In eurer Sexualität findet ihr die wahre Liebe in und zu euch, die sich nicht durch äußeres Konsumieren und Informieren vollziehen kann.

Um eure eigene Sexualität zu erforschen und kennenzulernen, ist es wichtig, sie spielerisch, mit Leichtigkeit und Freude oder Neugier auf das Wundervolle, das sich in euch entfalten möchte, anzugehen. Stellt euch einmal ein Kind vor, das neugierig, spielerisch, freudig und glücklich das Leben auf der Erde erkundet, wenn man es lässt und ihm nicht so viele Vorschriften macht.

Macht euch selbst keine Vorschriften und löst die Tabus. Erweckt in euch wieder diese kindliche Unschuld und genießt eure Sexualität. Sie ist das größte Geschenk, das ihr euch als Menschen gemacht habt: LIEBESKRAFT!

Diese Unschuld, die ihr wieder in euch entdeckt, und die Tabus, die dann keine mehr sind, befreien euch und führen zu wirklich erfüllender Sexualität. Die Liebe, die ihr für euch empfindet, die Unschuld und Reinheit, kann dann mit einem Partner, der ebenso fühlt, zu beidseitiger Verschmelzung und zu noch größerer Erfüllung führen.

Eine Beziehung zwischen zwei Menschen, die dieses beide einbringen, macht wirkliche Liebe fühlbar. Es entsteht eine Verschmelzung, die sich auf gegenseitigem tiefem Vertrauen weiterentwickelt und sich noch weit mehr ausdehnen wird.

In einer solchen Beziehung gibt es keine Zweifel und trennenden Störfaktoren mehr, denn es ist die pure Erfüllung des Seins. Es ist die Fülle, nach der ihr immer sucht, nach der ihr euch so sehr sehnt.

Eine solche Fülle hält allem stand, was sich von äußeren Einflüssen zeigen kann. Sie beflügelt den Alltag und lässt euch mit den scheinbar „großen" Kleinigkeiten leichter umgehen.

Das tiefe Glücksgefühl und die innere Zufriedenheit, das Gesättigt-Sein der inneren Bedürfnisse, strahlen weit in eure Umwelt hinaus. Dieses Strahlen wird zum Dauerzustand und lässt keine „schweren" Dinge mehr an euch heran. Schwere Dinge haben in eurem Leben keinen Platz mehr, weil sie in euch nicht mehr auf fruchtbaren Boden stoßen, um sich dort zu erweitern und auszudehnen.

Ist es nicht das, was ihr euch immer wünscht und schon immer gewünscht habt? Dieses Erfüllt-Sein in euch, mit einem Partner und den gegebenen Umständen in eurem Umfeld?

Eine Sexualität so leben zu können, ist allerhöchstes Bewusstsein. Es ist das, was ihr unter „Spiritualität" versteht. Es hat mit Bewusstsein zu tun, dass ihr euch dieser Dinge, dieser Zusammenhänge und eures Selbst bewusst seid.

Euch ganz anzunehmen und als den Menschen zu lieben, der ihr seid. Euch ganz für euer Innerstes zu öffnen macht es möglich, sich auch für einen Partner ganz zu öffnen, ihn ganz zu lieben und auf höchstem Niveau Sexualität zu genießen.

Als höchstes Niveau von Sexualität verstehen viele, eine möglichst große Akrobatik zu beherrschen, ideen- und einfallsreich im Praktizieren zu sein. Viele fühlen sich als wahrhafte

Meister bei außergewöhnlichen, exzentrischen Liebesspielen, die jedoch oft zu körperlichen Einschränkungen führen können.

Sexualität ist Akrobatik im wirklichen Sinn, aber auf der höchsten seelisch-geistigen Ebene. Sie hat nichts mit Mechanismen zu tun. Es ist eine Gefühlsakrobatik, die zu wahren, unerhofften „Kunststücken" in eurem Bewusstsein führt. Bewusstseinsakrobatik ist etwas Leichtes, Schönes, unglaublich Befreiendes, weil es hier keine Begrenzung gibt. Sie fühlt sich leicht, spielerisch, gigantisch und bereichernd an.

Da diese Sexualität weit in euer Bewusstsein hineinreicht, verändert sie sich fortlaufend und dehnt sich in ungeahnte Dimensionen aus. Sie hat keine Begrenzung wie eine nur auf der Körperebene praktizierte Sexualität.

Ihr benutzt den Körper schon für die Sexualität. Aber ihr benutzt nicht nur den Körper, sondern verwendet dazu euer ganzes inneres Sein, das mit einfließt.

Für den Verstand ist das im Moment vielleicht noch unvorstellbar, aber mit jedem Schritt der Annäherung werdet ihr mehr und mehr das Wunderbare, das dahinter steht, erkennen.

Ich erwähne nochmals: Sexualität ist nicht nur eine körperliche Befriedigung, sondern die tiefste Befriedigung eures Selbst, eurer Seele, eures Innersten.

Ich möchte DICH hier beim Lesen unterbrechen, um dir die Möglichkeit zu geben und vielleicht auch die Zeit, die du dir sonst nicht nimmst, dich einmal mit DIR und deinem Körper, DEINER Sexualität zu „beschäftigen". Wenn du natürlich gerade unterwegs bist, als Mitfahrer im Auto, im Bus oder sonst irgendwo und diesen Text liest, schließe für einen Moment die Augen und lass die Gedanken in dich einfließen. Jedoch nimm dir vor, dir in aller Ruhe Zeit einzuräumen, um deine Sexualität kennenzulernen.

Nimm dir genügend Zeit! Und sieh zu, dass du nicht gestört werden kannst.

PAUSE

Nun, wie fühlst du dich jetzt?

Dein Inneres, deine Seele, hat sich sehr gefreut über deine Zuwendung und deine Bereitschaft, die Liebe, die vollumfängliche Liebe, wiederzuentdecken.

Wie geht es dir jetzt? Wie fühlst du dich?

Fühlst du dich gut? Fühlst du dich glücklich und zufrieden?

Und konntest du die Liebe für dich fühlen?

Oft braucht es mehrere Anläufe und etwas Zeit, um wieder in diese Gefühle hineinzukommen.

Wenn es nicht so „funktioniert" hat, wie du es dir vorgestellt hast, gib nicht auf. Setze die Suche nach deinem Inneren fort.

Womöglich war dein Verstand etwas mehr im Vordergrund. Dein Verstand funktioniert ja und möchte etwas: ein Ergebnis.

Bei dem Prozess, die eigene Sexualität kennenzulernen, ist der Verstand jedoch hinderlich, wir brauchen ihn hierbei nicht.

Wenn es zu einer Selbstverständlichkeit für dich wird, dich mit dir zu beschäftigen, wird sich auch der Verstand nicht mehr damit beschäftigen. Er wird freudig annehmen, was am Entstehen ist.

Der Verstand sagt euch im Moment vielleicht noch: „Es gehört sich nicht, es ist nicht gut und nicht schön, sich selbst diese Aufmerksamkeit zu geben." Vielleicht sagt er sogar: „Es ist schmutzig, sich mit Sexualität zu verwöhnen." Doch daran ist überhaupt nichts schmutzig. In dir ist nur Liebe, die sich wieder in dir und in deinem Leben integrieren möchte. Eure Religion, euer Glaube, lässt es vielleicht im Moment nur noch nicht zu.

58

Seit ewigen Zeiten habt ihr vernommen, dass Sexualität etwas Schmutziges ist und nur dafür da, um die Fortpflanzung zu sichern. Doch schon lange fühlt ihr, dass dem nicht so ist. Werft diese alten Tabus über Bord und sagt eurem Verstand, dass sie keine Gültigkeit mehr haben.

Vielleicht will er das im Moment noch nicht annehmen, weil die Dogmen, die euch von der Religion, der Erziehung und nicht zuletzt von der Öffentlichkeit auferlegt wurden, jetzt noch Wirkung haben. Alle diese Moralvorstellungen sitzen vielleicht noch tief. Doch wenn du dich dir liebevoll zuwendest und das Schöne darin empfindest, lösen sich diese tiefen Dogmen in dir auf.

Wir haben darüber gesprochen, authentisch zu sein und euer Innerstes zum Ausdruck zu bringen. Euer Innerstes fühlt voll und ganz, dass solche Einschränkungen keinen Platz und keine Gültigkeit mehr haben.

Niemand kann euch sagen, was richtig und was falsch ist!

Niemand kann sich ermächtigen, euch Verhaltensregeln aufzuzwingen!

Jemand, der das tut, die Kirche, oder wer auch immer, stellt sich über euch und ermächtigt sich über euch. Das ist keine wahre Liebe, sondern erweckt, wenn es von den Menschen angenommen wird, nur Schuldgefühle. Und Schuldgefühle wiederum bewirken, dass ihr euch klein fühlt und die Größe eures Selbst nicht anerkennt und daher schmälert.

Übergebt daher eure Verantwortung nicht mehr öffentlichen Meinungen und Moralvorstellungen. Übernehmt die Verantwortung für euch, für eure inneren Bedürfnisse und Wünsche, und pflegt sie. Diese, für euch oder mit einem passenden Partner gelebt, können keinen Schaden anrichten. Im Gegenteil, es bringt euch nur der Erfüllung eurer Sehnsucht näher.

Seht es nicht falsch, es hat nichts mit einem Freifahrtschein für Sexualität in der Öffentlichkeit, mit Übergriffen auf andere Menschen, zu tun. Das wäre wieder nur auf die körperliche Ebene beschränkt und nicht das, was ihr innerlich anstreben möchtet. Es ist nur ein Freifahrtschein für eure und die Intimität mit eurem Partner, wenn ihr einen solchen habt. Eure Intimität bedarf höchsten Respekts für dich und für jeden anderen Menschen.

Es gibt keine Sünde mehr, es hat sie nie gegeben. Sie wurde von euch Menschen selbst erschaffen. DEINE Seele ist absolut rein und voller Liebe. Vielleicht empfindest du das im Moment nicht, aber dein größter Wunsch ist es, dieses wieder zu fühlen.

Liebe kannst du fühlen. Liebe bewegt. Du spürst und fühlst sie durch emotionale Regungen in dir, durch ein Hochgefühl, unter Umständen auch durch Traurigkeit. Aber du FÜHLST sie!

Dieses Fühlen und die Regungen der Emotionen in dir weisen dir den richtigen Zugang zur wahren Liebe. Wenn diese nicht präsent sind, hat sich wahrscheinlich der Verstand eingeschlichen.

Ihr braucht den Verstand, denn er ist euch in vielen Dingen dienlich. Doch bei eurer Suche zu euch selbst darf er sich gerne zurückziehen.

Ja, es ist nicht immer leicht, gerade dann, wenn ihr im Tumult der Aktivitäten steckt. Aber das ein sicheres Zeichen für euch, euch wieder etwas Ruhe zu gönnen, um die Balance und Harmonie in euch herzustellen.

Nicht alle Menschen haben dieselben Bedürfnisse. Die einen wenden sich der Sexualität mehr zu und genießen es, sie bewusst zu leben. Andere wiederum leben die Sexualität auf eine andere Weise. Sie haben weniger das Bedürfnis, Sexualität über den Körper auszuleben.

Sexualität ist eine Verschmelzung von Männlich und Weiblich sowie von körperlichen und geistigen Anteilen. Die männlichen Anteile können wir dem Verstand und dem Denken zuordnen, die weiblichen Anteile den Gefühlen und der Intuition.

Die Verschmelzung auf dieser Ebene ist auch Sexualität. Diese Sexualität kann auch zum Beispiel in einer Arbeit, in einem Projekt stattfinden, eine absolute Verschmelzung von beidem in einem Vorhaben, in einer Arbeit oder in einem Tun irgendeiner Art.

Es ist auch eine Verschmelzung in dir, die ebenso sehr erfüllend sein kann. Es braucht nicht unbedingt den körperlichen Orgasmus dazu. Doch dieser nichtkörperlichen Sexualität geht voraus, dass du bereits die Verschmelzung in dir trägst und dein Ganzsein zum Ausdruck kommt.

Licht und Dunkelheit

In eurem Selbst, eurem Sein anzukommen, verbindet ihr Menschen immer damit, im Licht anzukommen. Das Licht ist in dir, und wenn du da BIST, siehst du auch dieses Licht, das sich unaufhaltsam ausbreiten möchte. Dieses enorme Licht ist das Licht der Liebe, die Leichtigkeit der Liebe, das Licht des Selbsterkennens, des Wahrnehmens und des Empfindens dieser Leichtigkeit. Gegenüber steht die Dunkelheit, die eine gewisse Tiefe hat und diese in dir aufzeigt, die große, die unergründbare Tiefe, die in dir steckt und viele Möglichkeiten offenlässt.

Das Licht ist die Verkörperung deines Selbst, und deine unergründlichen Tiefen und Gefühle, die in dir stecken, sind die Dunkelheit.

Licht und Dunkelheit gehören zusammen – das Licht lässt dich selbst erkennen und die Dunkelheit deine Gefühle ergründen. Im Leben erlebt ihr genau dieses Licht und diese Dunkelheit im Außen.

Alles möchte im Licht erstrahlen und sich erfüllen. Licht symbolisiert das Leben des Alltags, wenn es mit der integrierten Liebe gelebt wird. Dunkelheit ist ebenso wichtig, die Ruhe, ihr selbst zu sein und die Gefühle anzuerkennen, anzunehmen und zum Ausdruck ins Licht zu bringen. Deshalb auch die Begegnungen, in denen ihr im wahrsten Sinne des Wortes im „Dunkeln steht".

Eure Gefühle, die sich fühlen lassen, sich in euch integrieren und als eben solche Wahrheit zum Ausdruck ins Licht gebracht werden möchten, sind die Dunkelheit.

Die Verschmelzung von Verstand und Gefühl, von Kopf und Bauch, liegt als Lösung genau darin. Es gilt, nicht zu bewerten und etwas als „richtig" anzuschauen. Es geht nur um das Annehmen dieser beiden Aspekte.

Depressionen

Im Leben erlebt ihr Hochgefühle und Gefühle der Tiefe, der Suche, die sich dann in einer Depression zeigen können. Diese Depression ist verstandesgebunden.

Es gibt verschiedene Arten von Depressionen. Die einen haben Depressionen, weil sie das Außen nicht erfüllt, andere, weil sie auf der Suche ihrem Inneren sind, es aber nicht finden. Eins aber haben alle Menschen, die eine Depression haben, gemeinsam: Sie sind auf der Suche nach Liebe.

Depression wird oft als Egotrip beschrieben, sich zu wichtig zu nehmen. Dahinter steckt aber die Botschaft, auf sich selbst zu hören und sich einmal wirklich wichtig zu nehmen. Nicht vom Verstand, vom Ego, sondern von der Seelenebene her.

Eine Depression ist das beste Zeichen, dass ihr mit dem Umfeld und den Gegebenheiten nicht mehr im Einverständnis seid. Der Verstand ist nicht mehr einverstanden, weil die Gefühle rebellieren.

So lange ihr euch darin weiter aufhaltet, wird es sich nicht auflösen. Hier helfen auch keine pharmazeutischen Hilfsmittel, die euch zur Ruhe zwingen.

Eine tiefe Depression, die sich in der Dunkelheit bewegt, kann aufgelöst werden, wenn ihr das Licht und die Freude wieder an euch entdeckt. Unwillkürlich schließen sich das Licht und die Freude dann auch im Außen wieder an.

Eine Depression ist nichts anderes, als euer inneres Licht nicht zu erkennen, die Liebe in euch nicht zu erkennen und nicht den Mut zu haben, dieser Liebe nachzugehen.

Ich weiß, es ist aus euren Augen nicht leicht, damit umzugehen. Einfach so das Licht zu finden, ist nicht der Weg, und es funktioniert nicht. Deshalb meine bisherige Vorbereitung in diesem Buch für euch, damit ihr wisst, wie ihr es angehen könnt.

Eine Depression, wie der Name schon sagt, presst etwas mit einer Konzentration in euch hinein, was umgesetzt werden möchte. Eine Depression zeigt auch das Pressieren in euch an, nicht mehr warten zu wollen. Doch in einer Depression versinkt ihr sehr schnell in der Dunkelheit mit euren Gefühlen und nehmt das Außen nicht mehr wahr. Es pressiert einfach, die Dinge für euch verständlich zu machen.

„Pression", präzises Wahrnehmen, Aufnehmen, Fühlen und Einbringen ins Licht ist die Lösung. Doch weiß ich, dass ihr oft so stark darin steckt und die Lösung nicht findet. Die Lösung steckt im Loslassen dieses Zustands. Es braucht euer Selbsterkennen, eure große Kraft, die euch innewohnt und euch wieder bewusst werden möchte. Und es braucht eure Gefühle, die sich gezeigt haben und zum Ausdruck kommen wollen. Mit dem Ausdrücken eurer Gefühle, wenn auch erst einmal für euch selbst, macht ihr euch bewusst, was dahinter steht.

Dahinter steht die große Liebe in euch, die ihr wieder erfahren möchtet. Diese Liebe findet ihr nicht im Außen, und so zweifelt ihr an euch und stellt euch infrage. Ihr könnt es im Außen nicht finden, so lange ihr es nicht in euch selbst gefunden habt. Euer Licht wird immer da sein, wenn ihr es wahrnehmt, zulasst und annehmt. Es wird wieder sichtbar scheinen, wenn ihr nicht im Außen nach der Unvollkommenheit, dem Mangel sucht, sondern den Mangel in euch auflöst und eure innere Vollkommenheit annehmt.

Das mag für euch jetzt schwierig nachzuvollziehen sein, und ihr denkt, es lässt sich im Leben nicht umsetzen. Doch möchte ich DIR sagen: Du hast es bereits umgesetzt im Leben, wenn du dich dafür entscheidest, es umzusetzen. Entscheide dich dafür, dein Leben und dein Selbst anzunehmen, zu respektieren und zu lieben.

Wie du lernst, es zu lieben, wirst du hier erfahren. Betrachte diese Zeilen als Wegweiser, als Hilfsmittel, als Unterstützung für dich.

Bestehende Depressionen können euch so lahmlegen, dass ihr die nötige Kraft nicht mehr aufbringen könnt, etwas für euch zu tun. Dann kann es eine Hilfe sein, sich von jemand Liebevollem unterstützen zu lassen. Ihr braucht dazu eine Vertrauensperson, die die Liebe in und zu euch wiedererwecken kann. Eine gute Freundin oder einen guten Freund, die/der die Liebe in euch sehen und in der Lage ist, sich in euch einzufühlen. Eine solche Person verhilft euch zu der Freude in euch, wieder am Leben Anteil zu nehmen, und das führt euch dahin, euer wunderbares Sein wiederzuentdecken.

Dafür ist es nicht mehr notwendig, alte Dinge hervorzukramen und aufzulösen und nach Ursachen zu suchen. Ihr braucht Unterstützung, euer wahres Selbst, euer Inneres, wahrzunehmen, damit ihr euch wieder daran erfreuen könnt.

Eine kleine Freude von außen, die ihr wahrnehmt, kann bereits eine Verbindung zu eurem Inneren bewirken. Diese kleine Freude möchte sich dann im Inneren ausdehnen und zur großen Freude entwickeln.

Freuden im Außen, die mit Konsumieren zu tun haben, erheitern euren Alltag und das Tagesgeschehen, doch sind sie von kurzer Dauer wie ein Tag.

Die Freude des Inneren erfreut sich im Außen in jedem kleinsten Detail, wenn sie sich entfaltet hat und allgegenwärtig ist. Sie lässt die Schönheiten des Lebens überall erkennen. Dinge, die ihr vorher nicht wahrgenommen und bemerkt habt, zeigen sich auf einmal von einer wunderbaren Seite und erfreuen euch wiederum im Inneren. So vermehrt sich die Freude immer mehr und katapultiert sich in ungeahnte Glücksgefühle.

Den Weg dahin geht ihr nicht an einem Tag. Euer Inneres wieder voll wahrzunehmen, dauert schon eine gewisse Weile. Doch mit jeder Freude, die ihr fühlt, bewusst fühlt, findet ihr den Weg zu eurem Glück.

Glücksgefühle sind innere Zustände, die unabhängig sind und nichts mit äußerem Glück zu tun haben. Sich innerlich glücklich zu fühlen, trägt sich nach außen und zieht das äußere Glück magisch an.

Wann warst DU richtig glücklich in deinem Leben? Denke einmal nach, welcher der Moment war, an dem du dich überglücklich gefühlt hast.

Versetze dich in diesen Moment und fühle, wie du dich gefühlt hast und welche Kraft in dir diese Gefühle, diesen überglücklichen Zustand, ausgelöst hat.

Solche Momente müssen nicht wieder vergehen, sondern können zu einem dauernden Gefühl werden. Das heißt nicht, dass du in jedem Moment Bäume ausreißen wirst, sondern dieses Gefühl als inneren Zustand erleben kannst.

Ein gutes Beispiel zeigt euch die wunderschöne Natur, die sich an einem Sonnentag erfreut, wächst und gedeiht und ebenso an einem erfrischenden Regentag wächst und gedeiht. Die Natur unterscheidet nicht zwischen Gut und Schlecht. Sie braucht die Sonne und den Regen, um glücklich zu sein.

Dein Umfeld bietet dir immer wieder Situationen, um dein Glücklich-Sein zu testen. Innere Glücksgefühle erfreuen sich an jeder Situation und sehen sie als Bereicherung und Erfüllung an.

Beobachtet einmal an euch, wie ihr Dinge in Gut und Schlecht bewertet. Jede Situation, jede Begegnung, die euch widerfährt, dient dem Zweck, euch selbst zu erfahren, wer ihr wirklich seid. Deshalb liebt jede Situation eures Lebens, egal, wie sie ist, weil sie euch dienlich ist.

Wenn ihr das Gefühl habt, im Schlamassel zu stecken und nicht mehr weiterzukommen, dann beginnt, im Kleinen das Schöne zu sehen. Beginnt, kleine Dinge wertzuschätzen. Seht nicht das, was ihr nicht habt, was euch nicht erfüllt, sondern das, was da ist und euch erfüllen könnte.

Erfreut euch an der Natur, die sich wie selbstverständlich jeden Tag neu von ihrer schönsten Seite zeigt. Erfreut euch am Vogelgezwitscher, an Sonne und Regen, an einem Glas Wasser und an einem Stück Brot. Erfreut euch an allen Dingen, die für euch zur Selbstverständlichkeit geworden sind und die ihr daher nicht mehr bewusst erkennt. Die Freude an kleinen Dingen öffnet dein Herz und den Zugang zum Glück in dir.

Orientiere dich immer mehr am Schönen. Das wird auch deine innere Schönheit wieder zutage fördern. Niemand außer dir kann dich für dich entdecken. Von außen kann nur ein Impuls, ein Anstoß dazu kommen, dich wieder an allem zu erfreuen. Die Entscheidung dazu, es zu wollen, musst du für dich treffen. Triff sie, sie beinhaltet die Verantwortung zum Glücklich-Sein. Sie hilft dir, Zufriedenheit und Liebe zu übernehmen. Und mach nicht mehr äußere Umstände oder gar Menschen dafür verantwortlich.

Glaube mir, die größte Erfüllung und Liebe stecken in dir. Und wenn du möchtest, wirst du sie auch fühlen und zum Ausdruck bringen.

Es gibt auch eine Form der Depression, die aus einer Krankheit oder einem körperlichen Gebrechen hervorgeht. Sie kann aus Groll und Gram entstehen, weil ihr durch die körperliche Einschränkung daran gehindert seid, eurem üblichen Tagesgeschehen nachzukommen. Ihr hadert damit, ans Bett gebunden zu sein oder Schwierigkeiten zu haben, euch frei zu bewegen.

Aber auf einmal seht ihr in diesem eingeengten Zustand, wie schön und wunderbar das Leben und die Natur sind, in die ihr euch momentan nicht begeben könnt.

Anstelle den Körper dafür verantwortlich zu machen, wäre es angebracht, in euer Inneres zu schauen. Jetzt habt ihr die Gelegenheit, euch bewusst zu werden, wo ein Ungleichgewicht in eurem Leben ist. Die Situation möchte euch aufzeigen, euch bewusst zu werden, wie schön das Leben in Wirklichkeit ist.

Der Körper ist nie schuld an einem Zustand. Ihr gebt ihm gerne die Schuld dafür und macht ihn verantwortlich für die Einschränkung im Außen.

Schuld gibt es nicht!

Wenn Schmerzen hinzukommen, zeigt das nur euren tiefen inneren Schmerz, der sich nach Erfüllung sehnt, nach Ganzheit und Vollkommenheit. Diesen Schmerz könnt ihr auflösen, indem ihr das Wunderschöne und Liebevolle seht und fühlt, was sich offenbaren möchte.

Es ist schon sinnvoll, etwas für die körperlichen Schmerzen einzunehmen, bis sie sich von selbst auflösen. Denn in einem schmerzvollen Zustand braucht ihr zuerst einmal eine Entlastung, um euch schmerzfrei zu fühlen.

In diesem Eingeschränkt-Sein fühlt ihr die Beengung in euch. Jetzt könnt ihr euch vorstellen, wie schön es ist, euch im Außen zu bewegen. Auf einmal erkennt ihr die Schönheiten des Alltags und der Natur und möchtet sie am liebsten sofort wieder erleben können.

Seht ihr, deshalb ist es oft eine schöne Möglichkeit, eine solche Ruhepause anzunehmen und zu lieben. Liebt diese Situation und nehmt sie wirklich ganz zu euch. Akzeptiert diesen Zustand und seid einfach glücklich, dass ihr euch die notwendige Pause gönnt, die es euch ermöglicht, in euer Inneres zu schauen und eure Bedürfnisse wieder wahrzunehmen.

Wenn ihr erkennt, was euch der Körper mitteilen möchte, kommt ihr viel schneller voran, und die Heilung stellt sich rascher ein.

Wie ihr wisst, zeigt euch der Körper nur die Botschaft eurer inneren Wünsche und Bedürfnisse. Er möchte damit erreichen, dass ihr die Aufmerksamkeit darauf lenkt. Nur das liebevolle Annehmen und nicht das Hadern heilt euren Körper wieder.

Stellt euch immer wieder vor, wie es ist, das Leben ohne Einschränkung neu genießen zu können, und versinkt nicht in den Gedanken, momentan daran gehindert zu sein.

Der Übergang

Auf dem Weg zu eurer Selbstfindung gibt es eine Übergangsphase, die vollgespickt ist mit Begegnungen, Wahrnehmungen und Erfahrungen. Sie dient euch, dorthin zu gelangen, wo ihr ankommen möchtet.

Nach der Entscheidung zu eurem wahren Selbst findet ihr anfangs noch das gewohnte Eingebettet-Sein. Dieses bisherige Leben spiegelt sich momentan noch überall. Es sind Gewohnheiten, Ansichten und Wertvorstellungen, die ihr in euch getragen habt. Im Moment der Übergangssituation zeigen sich diese gewohnten Dinge noch einmal so präsent, dass euer inneres Gefühl sie im Augenblick nicht erkennt, weil das Außen noch einen solch starken Einfluss auf euch hat und euch vergessen lässt, was ihr wirklich möchtet.

In diesem Stadium könnt ihr auf euren guten Freund, den Körper, zählen. Er vermittelt euch das Gefühl, dass etwas nicht stimmig ist. Ihr werdet überrascht sein, wie sich euer Körper in jedem Moment auf ungewohnte, ungeahnte Weise melden kann. Auf einmal kriegt ihr Kopfschmerzen, die ihr nie hattet, Bauchschmerzen, die ungewohnt sind, oder ihr habt es überraschenderweise mit einer Erkältung zu tun. Das verunsichert euch im ersten Augenblick, und ihr zweifelt wieder an eurer Entscheidung. Doch ist es nur eure Entscheidung, die diese Wandlung vollzieht. Der Körper erinnert euch durch die Symptome an diese Entscheidung und an euren Wunsch, euer Innerstes wahrzunehmen. Seid nicht überrascht über diese fühlbaren Botschaften, die ihr erhaltet.

Diese körperlichen Botschaften erinnern euch daran, was ihr wirklich wollt und wo ihr euch wieder in äußerliche Gewohnheiten fallenlasst. Sie sind ein Signal für euch, damit ihr euch bewusst werdet: Was will ich wirklich? Wofür habe ich mich entschieden? Wohin möchte ich?

Nehmt diese körperlichen Botschaften bewusst an, missachtet sie nicht. Schaut sie euch an und erkennt die Botschaft, die dahinter steht, die Botschaft eurer Entscheidung. Es sind nur Kleinigkeiten, die sich in kurzer Zeit wieder verabschieden, wenn ihr diesem Signal eure Aufmerksamkeit geschenkt, es in euch wahrgenommen und erkannt habt, was es euch aufzeigen will.

Körperliches Unwohlsein ist immer ein Unwohlsein in euch, zum Beispiel mit einer Situation, in der ihr euch befindet. Es ist nicht mehr als ein Unwohlsein, was sich so schnell zeigt. Doch in diesem Stadium ist der Verstand ganz schnell wieder da und unterdrückt eure Gefühle, eure wirklichen Wünsche, und macht das Außen wieder groß und erstrebenswert. Damit will er seine Macht über euch erhalten.

Erinnert euch in diesem Moment daran, dass die Macht des Verstandes euch bisher nicht glücklich gemacht hat und die Erfüllung, nach der ihr euch so sehr sehnt, nicht eingetreten ist.

Es ist die Übergangssituation, die eure Entscheidungen noch einmal fühlbar machen, um diese ganz in euch zu integrieren. Gebt hier nicht wieder dem Verstand die Oberhand, sondern übernehmt die Oberhand eures Daseins, eures Wunsches.

Das ist der schwierigste Moment, da ihr noch nicht wisst, wohin er euch führen wird. Ihr habt zwar den Wunsch danach, tappt aber sozusagen noch im Dunkeln.

Doch wenn ihr auf euer Innerstes hört, euch wieder die Zeit nehmt, euch tief mit eurem Inneren zu verbinden, werdet ihr auch diesen Moment in großer Liebe zu euch überbrücken.

Glaubt an euch und eure Gefühle. Habt Vertrauen in das, was sich durch euer Innerstes ausdrücken und gelebt werden möchte. Übernehmt in diesem Moment nicht das Vertrauen aus äußeren Zusammenhängen, Gewohnheiten und Verpflichtungen. Eine Verpflichtung habt ihr nur euch selbst gegenüber. Und wenn ihr diese reinen Herzens lebt, ist es die schönste Verpflichtung und bereichernd für euer Tun, Wirken und Leben an dem Platz, an dem ihr jetzt seid. Ihr habt euch diesen Platz auf dieser Erde genau ausgewählt, um gewisse Erfahrungen zu machen. Und dieser Platz verhilft euch auch dazu zu erkennen, wo ihr welche Erfahrungen machen wollt.

Doch geht es nicht nur um Erfahrungen, sondern darum, aus den Erfahrungen ein Bewusstsein zu entwickeln. Euch bewusst zu werden, wer ihr seid, was ihr möchtet und was eure Gefühle sind.

Eure Gefühle wollen sich immer mehr zum Ausdruck bringen. In dieser Übergangszeit ist es schwierig, weil ihr es nicht gewohnt seid, dass Gefühle eine Berechtigung haben.

Gefühle hatten nur in familiären, vielleicht auch noch in freundschaftlichen Situationen eine Berechtigung. Im Geschäftsleben, also einem unpersönlichen Umfeld, haben Gefühle keinen Platz. So habt ihr es bisher gelernt und angenommen. Und es hat euch auch Freude bereitet, euch in dieser Anonymität zu bewegen.

Diese Anonymität hat bisher einen Großteil eures Tagesablaufs, eures Lebens vereinnahmt. Doch sie ist leer und erfüllt euch nur zu einem geringen Prozentsatz.

Die Unausgewogenheit dieses geringen Prozentsatzes macht euch unzufrieden. Sie macht euch aber auch wach, und dadurch fühlt ihr dann dieses Ungleichgewicht.

Erinnert euch jedes Mal daran, wenn ihr euch wieder voller Tatendrang in das geschäftliche Getue der Unpersönlichkeit hineinbegebt, dass etwas in euch sich nach etwas sehnt, das unerfüllt ist. Erinnert euch daran und integriert eure Gefühle und eure wahren inneren Wünsche. Drückt euch aus, wie ihr wirklich seid. Wenn euch das wieder bewusst geworden ist, dann nehmt es freudig an.

Hier ist der entscheidende Punkt, ob du wieder in das alte Muster zurückfallen möchtest und dann dasselbe noch einmal erlebst, oder ob du die Verantwortung für dich übernimmst, die keinem schadet, sondern nur dienlich ist. Gib deinem Inneren und deinen Gefühlen in diesem Moment denselben Raum, den du dem Außen gegeben hast, was ja auch zum damaligen Zeitpunkt wichtig für dich war. Aber in dieser Übergangssituation hat dein Inneres dieselbe Wichtigkeit und braucht die nötige Konsequenz von dir, dass du selbst für dich sorgst.

Fühle in dich. Fühle, was dein Inneres beglückt und zufrieden macht und nicht nur fixiert ist auf die äußeren Umstände wie Erfolg, gut angesehen zu sein oder darauf, anderen Menschen zu dienen. Diene in diesem Moment dir selbst. Gönne dir das zum Ausgleich, um die Balance wieder herzustellen, und tue dir jetzt was Gutes. Das ist ein schwieriger Punkt, weil der Verstand momentan noch den größeren Anteil lebt. Doch dieser kleine Aspekt in dir, dieses Gefühl, das sich auch nach der anderen Seite sehnt, möchte jetzt umso mehr gelebt und gefühlt werden. Egal, was dich jetzt beglückt, der Feierabend oder was auch immer, es ist jetzt wichtig, diesem nachzugehen, es zu leben und deine inneren Gefühle zufriedenzustellen, die Aufmerksamkeit deinem inneren Selbst zu geben, egal, was ist.

Ziehe dich für eine Stunde zurück aus dem Gesamten und tue das, was du jetzt tun möchtest. Dadurch entsteht etwas Neues, das dir die innere Zufriedenheit schenkt, nach der du so sehr suchst. Dieser Moment der Zufriedenheit wird sich, je mehr du es umsetzt, in dein Leben integrieren.

Es ist eine Übergangszeit der Bewusstwerdung, die dir im Moment geschenkt ist. Sei dir im Klaren darüber, dass sie dich in den Zustand des Präsent-Seins im Hier und Jetzt bringt. In den Zustand der dauerhaften Zufriedenheit und des Glücks, wenn du sie als inneren Wunsch aufrechthältst und in dein Leben integrierst.

In dem, was euch begegnet, zeigt euch euer gegenwärtiger Zustand eure wahre Liebeskraft auf. Die Übergangssituation aus einem Zustand, der dazu verholfen hat, in eure Mitte und Ruhe zu kommen, tritt nach eurer Genesung schnell in den Hintergrund. Dann kommt in euren Gedanken des Ausgleichs und der Polarität sofort wieder der Wunsch auf, voll ins Leben zurückzugehen. Ihr wollt wieder aufnehmen, was da ist, obwohl ihr euch innerlich so sehr gewünscht hattet, euch die Ruhepause zu gönnen.

In dieser Übergangszeit drängt es euch noch einmal, wieder am Alltagsleben teilzunehmen. So erinnert ihr euch nicht mehr daran, in welchem Zustand ihr euch davor befunden hattet, dem Zustand des Aussteigen-Wollens und der Suche nach euch selbst.

In der Polarität spiegelt sich eben auch noch das Gefühl, wieder Freude zu haben, am Leben teilzunehmen, ebenso Freude an der Arbeit zu spüren und sich dort einzubringen. Es bekommt wieder eine größere Dimension, ein größeres Wertgefühl, sich darin zu bewegen.

Es ist wie im Urlaub. Ihr freut euch auf einen Urlaub, um euch dann zu entspannen und die Seele baumeln zu lassen. Die Seele zeigen zu lassen, was sie möchte, um eure Bedürfnisse zu erfüllen. Und im Urlaub denkt ihr, es ist das Schönste, was ich mir vorstellen kann. Doch gegen Ende des Urlaubs zieht es euch dahin, wieder in die Aktivität zu gehen. Andererseits aber möchtet ihr auch dieses Gefühl des Selbstseins und das Gefühl, die Seele wahrzunehmen, in euer alltägliches gewohntes Geschehen mit einbringen. Doch nun kehrt ihr zurück, seid in eurem gewohnten Umfeld, und die Ernüchterung ist schnell da. Die Ernüchterung, die euren Ideen und Wünschen keinen Freiraum lässt.

Allzu schnell seid ihr wieder in dieser gewohnten Umgebung und übernehmt das gelebte Muster, die gelebten Anforderungen. Auch das in einem gewissen Maße Erfüllt-Sein nehmt ihr wieder an, und euer Gefühl, ihr selbst zu sein, tritt in den Hintergrund. Ihr freut euch, wieder am Leben teilzuhaben und mitzumischen.

Doch bald merkt ihr, dass dieses Altgewohnte sich erneut präsentiert und wiederum aufzeigt, was euch schon bisher nicht erfüllt hat. Und ihr bemerkt, dass sich in dieser Zeit nichts groß verändert hat.

Im Außen wird sich so schnell nichts verändern, wenn ihr eure innere Veränderung, euer inneres Bedürfnis, nicht in die täglichen Begebenheiten und Aktivitäten mit einbezieht.

Wirklich beglückend ist es, wenn ihr es wagt, einen Teil von dem, was ihr in dieser Ruhepause der Genesung oder des Urlaubs gefühlt habt, als neue Gefühle in den Alltag zu integrieren.

Die Übergangssituation macht das nicht am ersten Tag möglich. Eure wirkliche Veränderung tritt erst dann ein, wenn euch bewusst wird, dass ihr wieder so sehr in diese Unerfülltheit einsteigt, wie ihr sie vor der Ruhepause verlassen habt.

Werdet euch in diesem Moment bewusst, dass eben nicht das Außen eine Situation herbeiführt, die ihr euch wünscht. Ihr verändert sie selbst durch eure Entscheidung, die Gefühle, die sich während dieser Pause gezeigt haben, nunmehr voranzustellen.

In jedem von euch steckt eine tiefe Liebe zu euch und zu Allem-was-ist. Diese tiefe Liebe wahrzunehmen, fällt euch als Mensch schwer, und daher ist es nicht leicht für euch, daran zu glauben. Ihr seid dazu erzogen worden, euch über das Außen zu definieren. Wenn ihr euch jedoch aus der Sicht des geistigen Universums sehen könntet, würdet ihr eure wahre Liebe sehen, wie sie ins Universum strahlt.

Eine Übergangszeit in eurem Leben, die ihr in eurem Inneren selbst gewählt habt, ist immer eine Chance, eine größere Liebe zu euch zu entfalten. Diese Liebe, die sich in euren Gefühlen noch nicht vollständig zeigt, kann auch über eure Auseinandersetzungen mit euch, mit euren Partnern oder mit eurem weiteren Umfeld ihren Weg in die Bewusstwerdung finden. Durch solche Prozesse werdet ihr wieder auf diese Liebe aufmerksam und könnt sie ins Leben einbringen. Im Moment des Konflikts könnt ihr die Liebe nicht direkt wahrnehmen. Diese Konflikte sind aber nur ein Ausdruck eures Inneren. Sie lassen euch wieder die Liebe bewusst werden.

Ihr Menschen fühlt und empfindet es in solch einem Moment als Schmerz, als Trauer, als Ungenügsamkeit und Wertlosigkeit. Solche Konflikte sind aber absolut dienlich, eure bewusste Aufmerksamkeit wieder dem Wesentlichen, der Liebe, zu schenken.

Da die Menschheit in der Polarität lebt, braucht sie diese Auseinandersetzungen, um wieder auf sich, ihre Bedürfnisse und Wünsche aufmerksam zu werden. Es lässt euch erkennen, was Liebe ist, wo eure Liebe hin möchte und was eure Liebe an Sehnsüchten beinhaltet, die eurem Leben Erfüllung bringen können.

Ihr Menschen braucht immer wieder diese Spiegelungen der „Nichtliebe" als Erfahrung, um euch gewahr zu werden, welche Sehnsucht in eurer Liebe steckt.

Liebe zu erkennen und sich bewusst zu machen, basiert meistens auf Erfahrungen eines solchen Gefühls der Nichtliebe. Ihr begebt euch immer wieder in diese Situationen der Nichtliebe hinein, damit ihr Liebe überhaupt erkennen könnt.

Es ist dieser Übergangsprozess, euch selbst zu finden und die Liebe in euch zu entdecken. Der Prozess, die Liebe zu finden, beinhaltet den Moment, sich anzuschauen, wo Nichtliebe vorhanden ist. Da ihr momentan auf der Erde in einer Polarität lebt, braucht ihr immer solche Erkenntnisse und Begegnungen, um dieses festzustellen.

Auf der Erde ist noch immer Polarität, und diese beiden Seiten gehören dazu. Es geht darum, für euch zu erkennen, wo ihr momentan die Liebe nicht fühlt, damit ihr wieder lernt, sie zu spüren.

Diese Begegnungen und Erfahrungen des Erlebens dienen euch nur dazu, Liebe zu werden, nicht mehr die Liebe zu bewerten, sondern Liebe zu *sein*.

Freunde

Was sind Freunde? Gibt es noch Freunde?

Freunde – in diesem Wort steckt das Wort Freude. Es ist schön, und man freut sich, diese Freunde zu sehen – Freuen.

Oft bezeichnet ihr euch als Freunde, obwohl nichts Gemeinsames mehr da ist. Man diskutiert und sagt, man freue sich, den anderen zu sehen. Aber hinter dieser Freude, die einst da war, steckt nur ein Verpflichtungsgefühl: „Eigentlich habe ich gar keine Zeit, eigentlich möchte ich auch gar nicht, eigentlich erfülle ich wieder mal nur meine Pflicht mit diesem Treffen." Ihr ärgert euch dann, wenn ihr für diese „Freunde" noch Energie investiert, sie zum Beispiel bewirtet oder mit ihnen in ein Restaurant geht, um den Abend gemeinsam zu verbringen.

Freundschaft zeichnet sich nicht nur durch diesen Kontakt für ein gemeinsames Zusammensein aus, sondern durch ein Bedürfnis, wissen zu wollen, wie es dem anderen geht, wie er sich fühlt und was ihn beschäftigt.

So viele Kontakte und „Freundschaften" aus alten Zeiten werden noch gepflegt, die eine Erinnerung in euch wachhalten. Doch besteht hier längst keine echte Freundschaft mehr.

Freunde sind gegenwärtig, und Freunde sind in das Leben integriert.

Freundschaften können auch mal ein Jahr Pause haben. Aber sind es dann noch Freundschaften?

Echte Freunde sind wie eine Familie. Man denkt aneinander, man kümmert sich umeinander, man ist da füreinander. Aber wenn das nach und nach verlorengeht, sind es keine Freunde mehr, sondern Abhängigkeiten. Dann stellt ihr fest, dass es nur noch ein Dienlich-Sein in Abhängigkeiten ist.

Es gibt aber Freunde, bei denen ihr euch freut, wieder etwas von ihnen zu hören, auch noch nach vielen Jahren. Hier ist die Freundschaft auf eine Art Familiengemeinschaft gegründet und beruht nicht auf Abhängigkeit. Dafür sind es „Jahresfreundschaften", die in sich unabhängig sind und den anderen nicht „brauchen".

Freunde sind für euer Leben angenehm, weil ihr euch aufgehoben fühlt. Doch die Erkenntnis dieser Zeitepoche, in euch selbst aufgehoben zu sein, zeigt euch, dass ihr selbst euer bester Freund seid.

Überdenkt einmal mit neuen Augen und neuer Sicht, was eure Freunde sind, wovon ihr euch nährt, wo sich Freunde von euch nähren und was echte Freundschaft euch wert ist.

Freundschaft ist Liebe. Freundschaft ist nicht an Gegebenheiten oder Aufmerksamkeiten gebunden. Freundschaft ist, sich wahrzunehmen und sich zu respektieren, genauso, wie DU es tust, und dir dieses als eigene Wirklichkeit zuzugestehen.

Die Beziehung zu deinen Mitmenschen

Die Liebe zu dir selbst, die Fragen nach deiner Liebe, die du so nachdrücklich erforschst, lassen dich ebenso viele Fragen stellen, wie deine Liebe mit der Liebe der Mitmenschen verknüpft ist.

In diesem Übergangsstadium erfährt sich die Liebe zunächst über die Mitmenschen. Ihr macht euch Gedanken, wie der Mitmensch fühlt. Ihr sorgt euch auch darum, wie eure neuen Erkenntnisse, euer neues Selbstgefühl, bei den Mitmenschen ankommt und wie es sich für sie anfühlt.

Die Mitmenschen spiegeln einen großen Anteil zu eurer Selbstfindung und eurem Glücklich-Sein. In dieser Übergangsphase, in der dieses Glücklich-Sein noch nicht manifest ist, erfüllt es euch, das Umfeld anzuschauen und herauszufinden, ob die anderen auch glücklich sind. Zwischen dem Glücklich-Sein der Mitmenschen und dem euren seht ihr eine bedeutungsvolle Verbindung.

Ein Glücklich-Sein mit euch selbst braucht jedoch nicht die Bedingung, dass andere im Augenblick glücklich sind. Es erfordert, dass ihr es in euch fühlt. Ihr sorgt euch dennoch immer wieder im Außen, wie sich die anderen Menschen fühlen. In gewisser Hinsicht ist das auch gut, aber euer Glücklich-Sein kann sich nicht allein dadurch erfüllen, dass sich andere Menschen glücklich fühlen.

Euer Glücklich-Sein ist die Gewissheit, dass ihr in EUCH das gefunden habt, was IHR möchtet und was euer Inneres erfüllt. Sich darum zu kümmern, ob ein anderer Mensch, zum Beispiel euer Partner, sich glücklich fühlt, hat in diesem Moment weniger Bedeutung. Es ist immer schön zu schauen, wie die anderen sich fühlen, aber es dient eher dazu, euch selbst zu beruhigen oder euer Verantwortungsgefühl zu befriedigen, euer Bestes getan zu haben.

Doch euer Bestes getan zu haben liegt nicht in eurem besten Tun, den anderen glücklich zu sehen. Es liegt darin, dem anderen Menschen einen Weg zu öffnen. Einen Weg zu gewähren, er selbst zu sein und sein Glück zu finden. Und das in Unabhängigkeit der Umstände, des Gewahrseins und Festhaltens dessen, was ist.

Ihr Menschen habt gelernt, über das Gefühl verantwortlich zu sein für das Glück eures Umfelds, eurer Partner, eurer Kinder und für alles, was euren Alltag ausmacht. Das spielt auch eine große Rolle, dass ihr euch wohl und aufgehoben fühlt. Doch übernehmt ihr immer noch größtenteils die Verantwortung, mit dafür zu sorgen.

Kein Mensch kann für das Glücklich-Sein eines anderen sorgen. Es ist ein Gefühl, das einfach da ist. Und es kann nicht von einem Menschen auf den anderen einfach so übertragen werden. Dieses Gefühl findet jeder in sich selbst.

Kein Mensch kann dem anderen das Gefühl von Glücklich-Sein und damit alles in sich vorzufinden, vollständig vermitteln. Dieses auf den anderen zu übertragen basiert nur auf der Verstandesebene. Hierbei geht es nur wieder um die Vergewisserung, sich sicher, aufgehoben und im Umfeld bestätigt zu fühlen.

Ich möchte dieses Bestreben nicht schmälern. Es gehört zunächst dazu, als Ausgangsbasis Geborgenheit zu haben, sich in Sicherheit zu wähnen. Doch wahre Liebe wähnt sich nicht mehr in dieser Beruhigung der Abhängigkeit von Umständen und Zuständen. Es gibt ihr keine Sicherheit mehr, es von Menschen und einem System abhängig zu machen.

Die Herausforderung liegt darin, wirklich die Verantwortung für sich selbst zu übernehmen. Und es ist größte Sicherheit, die ein Mensch nur haben kann, in sich Geborgenheit und Sicherheit zu finden, unabhängig von Äußerlichkeiten. Wenn ihr euch um andere Menschen sorgt und für sie die Verantwortung übernehmt, nehmt ihr ihnen ihre Verantwortung und die Chance, sich selbst zu finden.

Eure Ausgangsposition muss eine große Entschiedenheit und Klarheit in euch sein. Dadurch bekommen eure Mitmenschen auch in sich das Bedürfnis, zu Sicherheit und Klarheit zu gelangen. Es unterstützt sie, unabhängig zu sein und die Hilfe nicht mehr im Außen zu suchen. So entsteht auch eine Ausgewogenheit zwischen euch und euren Mitmenschen.

Ausbruch aus Beziehungen

Ihr seid inzwischen in eurem Bewusstsein und eurer Unabhängigkeit Riesenschritte weitergekommen. Für die Mitgefährten, eure gewählten Partner der letzten Zeit, fühlt es sich aber noch anders an. Die Sicherheit und das Aufgehoben-Sein ist für sie nicht mehr da. Das Bedürfnis, sich selbst zu finden, ist bei ihnen noch nicht so stark angewachsen. Gefühle wie Gewohnheit, Geborgenheit und Sicherheit herrschen noch vor.

Durch ein Dreierverhältnis des Partners kommt dieses Gefühl stark ins Schwanken. Das Selbstwertgefühl und die Selbstfindung werden neu hinterfragt, und die Suche nach Erfüllung wird angeregt.

Sie wird dadurch erweckt, weil der Alltag so, wie er ist, nicht mehr angenommen werden kann. Hier wird jetzt die Chance geboten, zu hinterfragen: Worin liegen meine Freude und Zufriedenheit, und was will ich selbst?

Zuerst entsteht ein Drang, das Alte, das bisher Gelebte, in dem man sich wohlgefühlt hat, festzuhalten. Das ist jedoch nicht mehr gewährleistet. Dadurch entsteht bei dem Lebenspartner, der durch Zweisamkeit geprägt ist, ein Verlustgefühl. Dieses zeigt aber das Thema des Besitzen-Wollens zur eigenen Vollkommenheit, zur eigenen Funktionalität auf.

Danach kommen der Schmerz und die Verletzung des Vertrauens in die alten Vorstellungen, die gebrochen wurden. Die meisten wollen das Alte, die alten Sicherheiten und Gefühle der Verbundenheit für immer festhalten. Diese Menschen halten dafür vieles aus. Sie versuchen mit allen Mitteln, das Alte aufrechtzuerhalten und dieses Gewohnte, Einfache, weiterzuleben.

Warum wollt ihr fest- und aufrechterhalten, was euch nicht mehr glücklich macht und zufriedenstellt? Euer Partner hat das

Neue gewählt und sich dafür entschieden, was seiner Entwicklung dienlich ist. Auch weil es eurem Weiterkommen dient, wäre es für euch besser, ebenfalls die Bequemlichkeit der Routine aufzugeben.

Wenn ihr jedoch am Partner festhaltet, fehlt es euch an Respekt zu euch, euer Leben selbst wählen und gestalten zu können. Es ist daher für euch nicht dienlich, die Beziehung zu eurem Partner jetzt noch immer aufrechtzuerhalten.

(Seth kommt nun wieder ganz einfühlsam:)

Mein liebes DU, du fühlst dich verletzt in dieser Situation, in der sich dein Partner nach etwas anderem umschaut und du dich nun nicht mehr erfüllt fühlst. Siehst du nicht die Chance für euch beide darin, das Erfüllende neu zu finden und zu integrieren? Genau diese Situation zeigt euch doch, dass nichts auf Sicherheit und Gewohnheit aufgebaut werden kann. Gefühle sind nicht in Sicherheit und Gewohnheit versorgt. Gefühle wandeln sich jederzeit auf ungeahnte Weise und führen jeden Menschen in sein eigenes Selbst. Auch du, der/die du dich „betrogen" fühlst, erfährst jetzt die wahren Seelen- und Entfaltungsbedürfnisse, die in jedem Menschen stecken. Du möchtest an dem Gewohnten festhalten, das sich bisher gut angefühlt hat. Aber es hat auch dich, wenn du ehrlich bist, nicht wirklich glücklich gemacht, ebenso wenig wie deinen Partner, der sich jemand anderen gesucht hat. Fühle die Liebe dahinter. Es geht immer nur um die Liebe zu seinem und deinem Selbst.

Was dein Partner jetzt glaubt, im Außen gefunden zu haben, fordert dich nun heraus, die Liebe in dir selbst zu fühlen. Es erweist sich in deinem Schmerz zwar als schwierig, doch das Gefühl, verlassen worden zu sein, zeigt nur wieder eine

Abhängigkeit, die bis hierhin noch Gültigkeit hatte. Diese zählt aber nun nicht mehr. Die Abhängigkeit, etwas in einem anderen Menschen vorfinden zu wollen, das du in dir noch nicht integriert hast, möchte sich verändern. Dein Innerstes möchte dich erkennen lassen, wer und was du wirklich bist, was du als wundervolle individuelle Persönlichkeit alles beinhaltest. Und es möchte dich wissen lassen, dass du nicht abhängig bist von alten Zuständen. Im Moment mag es für dich schwierig sein, das zu verstehen. Doch geht es letztendlich nur darum, dich wirklich zu fühlen und dein Selbst wahrzunehmen. Es geht darum, dass du deine Liebe zu dir entdeckst und diese Liebe dem Menschen weiterschenkst, der genau auch diese Liebe erfahren möchte.

Wenn ein Partner „fremdgeht" und eine dritte Person in sein Leben einlädt, ist die vertraute Person im ersten Moment geschockt. Dieser Schock, wie ihr es nennt, deckt jedoch eine Gewohnheit auf, die nicht mehr erfüllend ist und verändert werden möchte. Eine große Verletzung des Selbstwertgefühls macht sich bemerkbar. Doch dieses Selbstwertgefühl hat mit der Abhängigkeit zu tun, seinen eigenen Wert in gewisser Hinsicht über den Partner zu definieren.

Trotz allem tut es weh, diese Sicherheit aufzugeben. Das Verletztheitsgefühl nährt wiederum das Unverständnis des Verstandes: Ich habe doch alles getan, ich habe mein Bestes gegeben, wieso war ich nicht gut genug? Diese Fragen haben keine Gültigkeit mehr, weil das eigene Selbst sich wieder erkennen und sich nicht in eine Schuld des anderen einfügen möchte.

Im Moment versteht ihr diesen Prozess noch nicht. Es kommt ein Minderwertigkeitsgefühl auf, nicht zu genügen. Doch über diesem steht die Erkenntnis, sich selbst nicht angenommen und anerkannt zu haben. Ihr messt euch immer an anderen, auch an eurem Partner und weniger an euch selbst. Doch egal, bei welchem Partner, es kehrt einmal die Langeweile ein, und die Entfaltung drängt. Das Innere will vorwärtskommen.

Im ersten Moment fühlt ihr eine Ohnmacht, mit dieser Situation umzugehen und sie anzunehmen. Aber hinter dieser Ohnmacht steckt zugleich wieder eine neue Macht, ein erneuter Wille, diesen Partner festzuhalten und an sich zu binden.

Festhalten und das Gewohnte, Sichere, aufrechterhalten zu wollen ist ein natürlicher Drang, der sich zunächst gut anfühlt, weil hierin keine Herausforderung enthalten ist. Jetzt kommt jedoch die Herausforderung: Wie kann ich diesen Menschen wieder neu für mich gewinnen, oder soll ich wirklich das Alte aufrechterhalten, was mich doch eigentlich gar nicht glücklich macht?

Es sind die Mutlosigkeit, die Bequemlichkeit und die Langeweile, die keine Veränderung zulassen möchten. Euer Herz schmerzt, wenn ihr nur an Veränderungen denkt und euch ins Ungewisse, Ungeahnte hinausbewegt.

Doch wenn ihr euch auf dieses Ungeahnte, Ungewisse wirklich einlasst, kann sich euer Innerstes entfalten und offenbaren. Es zeigt sich dann wie ein wunderschöner Garten, den ihr noch nie gesehen habt.

Ihr traut euch das aber nicht zu, schreckt immer wieder zurück und haltet an der alten Beziehung fest, mit allen euren Mitteln, Mechanismen und Drohungen, die dann in euch hervorkommen.

Dieses Ohnmachtgefühl, das ihr empfindet, die Angst vor dem Neuen und das Alte loszulassen, drängt euch in eine Rolle, in eurer Ohnmacht wieder Macht ausüben zu wollen. Ihr versucht dann, den Partner mit Altgewohntem, jahrelang Bestehendem erneut einzufangen. Dieses Einfangen ist wie ein

Fischernetz, mit dem ihr einen Fisch fangt. Er zappelt und zappelt, ist aber ausgeliefert und weiß nicht, was er tun soll. Doch die Liebe, die ihr zurück wollt, findet ihr nicht vor. Der Fisch zappelt. Er kann sich auch wieder beruhigen und sich einfinden im „sicheren" Hafen. Doch zappelt er dann nicht mehr. Es geht nichts mehr.

Die Seele eures Partners ist auf Eis gelegt und somit eure Seele und alle eure Gefühle.

Wenn diese Macht des Festhaltens ausgeübt wird, ist absoluter Stillstand. Eine momentane Euphorie, den Partner wieder im Hafen zu haben, mag jetzt vorhanden sein. Aber die Dauer ist kurz. Sie ist sehr kurz, weil der Schritt hin zu den eigenen Bedürfnissen und das Ausbrechen nicht gelebt wurden. „Im Netz gefangen".

Zurückgebliebene, sich zurückgesetzt fühlende Partner tun gut daran, das Netz nicht auszuwerfen, sondern für den Partner und für sich das Netz freizugeben.

Zunächst fühlt ihr euch verraten in der Verbindung, die ihr eingegangen seid. Ja, ihr fühlt es wie einen Verrat. Ihr habt schließlich alles getan und euer Bestes gegeben. Und trotzdem, wenn ihr euer Innerstes hinterfragt, war da zuletzt nur noch etwas, das einem Mechanismus gleichkam. Gelebt wurde ein Nichtleben, ein nur rationales Wohlgefühl in den Gegebenheiten – ein Roboter, der funktioniert. Aber der Roboter schien glücklich, weil er sich nicht weiter mit dem befassen musste, was er wirklich will. Ein Roboter funktioniert eben wie ein Roboter. Ein Roboter hat zwischendurch auch mal Gefühle, Hochgefühle, Befriedigungsgefühle, die ihn in seinem Roboter-Sein, in seiner Arbeit, in allem, was er tut, bestätigen. Es ist aber wie eine graue Wolke, die alles Innere zudeckt. Und es scheint ein

Wohlgefühl zu sein, sich in dieser grauen Wolke eingelullt zu finden.

Ich komme noch einmal zurück auf das Gefühl des Verlassen-Seins, des Nichtwert-Seins, weil euer geliebter Partner sich jemand anderen ausgesucht hat.

Euer Partner hat gewählt, dieser grauen Wolke zu entfliehen und sie in Freude umzuwandeln. Das hat nicht ausschließlich mit dir zu tun. Dein Selbst fühlt sich jetzt nur verletzt und betrogen, weil du dich selbst betrügst und die graue Wolke aufrechterhalten möchtest. Jetzt wäre es für dich wichtig, nicht an dieser grauen Wolke festzukleben, sondern dorthin zu schauen, wo deine Sonne liegt.

Du hast nicht den Mut, in die Sonne zu blicken, und möchtest mit Macht das Alte, was absolut nur graue Wolke ist, festhalten. Du kannst dir nicht vorstellen, dass dahinter große Leichtigkeit auf dich wartet. Du scheust es, diese Schritte zu gehen und dir etwas Neues anzuschauen. Das Alte scheint bequem, vertrauenswürdig. Doch zeigt die Situation, dass es nicht vertrauenswürdig ist. Und jetzt liegt es an dir, anstelle der Ohnmacht deine Macht auszuüben und den Schritt ins Neue, Ungeahnte zu wagen.

Speziell für EUCH, meine Lieben, die ihr hier noch einmal nachgefragt habt:

Sich ungeliebt zu fühlen und in einem Partner die Liebe nicht mehr wahrzunehmen, weil er sich nach etwas anderem, nach sich selbst, sehnt, hinterlässt das Gefühl, nicht zu genügen. Man fühlt sich nicht wertvoll. Das bereitet aber wiederum eine Kraft vor, die ureigene Kraft, die in euch steckt, zu beweisen, wer und was ihr überhaupt seid. Dieses Verletzt-Sein erweckt in euch eine Kraft der Macht, dem Partner nun aufzuzeigen, was ihr alles für ihn getan habt. Mit allen Mitteln wollt ihr den Partner zurück und euch bestätigen. Ihr zeigt ihm auf, wie viel Energie ihr in die Beziehung investiert habt, in diese Gemeinsamkeit und in dieses Leben. Doch es sind wieder nur äußere Gegebenheiten, die ihr versucht, mit Kraft hervorzuholen, um euer verloren Geglaubtes aufrechtzuerhalten. Das, was ihr scheinbar verloren habt, ist nicht verloren. Es ist immer noch da. Aber dieses Verloren-Sein projiziert ihr jetzt auf euren Partner. Dabei sucht ihr jedoch unbewusst euer Verlorenes beziehungsweise das, was ihr glaubt, in euch verloren zu haben und wieder in euch integrieren möchtet: MACHT!

Ihr versucht wieder im Außen, sie mit Begegnungen und Erfahrungen, die ihr gemeinsam erlebt habt, aufrechtzuerhalten. Und ihr habt wunderbare Beispiele aus eurem gemeinsamen Leben und wisst, wie ihr damit auftrumpfen könnt. Dabei vergesst ihr, dass dahinter doch eure Seele steckt, die sich verloren hat und sich nun wiederfinden möchte. Sie möchte sich aber nicht im Außen laut und stark machen, sondern in eurem Inneren. Ihr gebt zunächst die Verantwortung und die Macht an euren Partner ab und übt nun Macht aus, ihm das alles unter die Nase zu halten und das Leben rückwärts zu betrachten.

Doch ein Leben rückwärts zu betrachten funktioniert nicht, ihr könnt es nur vorwärts betrachten. Die Vergangenheit zu betrachten ist nicht förderlich und beinhaltet Leere, Stagnation, Festhalten am Alten.

Ein Vorausschauen macht euch Angst, weil die Zukunft das Alte nicht mehr beinhalten wird. Diese hat jedoch Möglichkeiten in sich, die ihr noch nicht vertrauensvoll annehmen könnt, da ihr ja nicht wisst, was auf euch zukommt. Und das Vorausschauen kann nur interessant und beglückend sein, wenn ihr nicht die alten Dinge mit hineinbringt.

Die alten Dinge, ich sage bewusst „alte Dinge", weil sie bereits gelebt wurden, können sich in das Neue, das auf euch wartet, nicht mehr integrieren. Dort ist kein Platz mehr für sie.

Habt den Mut, auf das Neue zuzugehen, auf das, was ihr noch nicht wisst, noch nicht erlebt habt. Ihr habt euch doch ein Ziel gesteckt, was ihr euch wünscht. Und dieses Neue ist unbewusst bereits da. Ihr geht jetzt den Weg, es zu erfahren und zu erfühlen, wie ihr dahin kommt. Mit dem Alten geht das ganz sicher nicht mehr. Es geht jetzt nur mit der neuen Einstellung, mit den neuen Bedürfnissen und dem Wunsch, nicht zu sterben, nicht tot zu sein, sondern zu leben, um das Neue zu erfahren.

Es ist das schönste Geschenk, das ihr euch selbst machen könnt, in diese Unabhängigkeit einzutreten. Die Machtstruktur, einen Menschen für euer Glück zu brauchen, ist hinfällig.

Eine verletzte Seele ist stark darin, ihre Verletzung in Macht auszuleben. Dieser Schmerz kann zerstörerisch wirken. Zerstörerisch für die Liebe, die in eurer Begegnung enthalten war und die in dieser Verletztheit nach Bestätigung sucht und darauf baut.

Ihr hättet gerne die Bestätigung vom anderen, alles gegeben und in die Beziehung eingebracht zu haben, weil ihr euch die Bestätigung selbst nicht gebt.

In einer Beziehung, in der Entfremdung und Unerfülltheit geherrscht haben, fühlt vorerst jeder Partner nur seinen Teil der übernommenen Verantwortung. Er sieht, was er geleistet und gegeben hat. Das ist die Machtstruktur, auf die sich jetzt die Auseinandersetzungen aufbauen. Jeder findet die Macht, sich einzubringen nicht mehr vor, aber geht in Machtspiele hinein. Jeder fühlt sich verletzt, weil alles, was er bisher in diese Gemeinschaft eingebracht hat, scheinbar nichts mehr wert ist. Man fühlt sich im Recht und will dieses Recht „zu recht" festhalten. Gegenseitige Anschuldigungen folgen unwillkürlich, weil jeder dem anderen die „Schuld" gibt und die Verantwortung für sich selbst nicht wahrnimmt.

Ihr haltet immer noch an dem fest, was ihr aufgebaut habt, und getraut euch nicht, das Alte zu verabschieden und das Neue ohne die alten Rechte anzugehen.

Neues anzugehen mit dem neuen Bewusstsein, den neuen Erkenntnissen, bedeutet, nicht auf Altem zu bestehen, Rechenschaft zu fordern und mit aller „Macht" zu verlangen, was euch von der Arbeit und dem, was ihr eingebracht habt, her zusteht. Eine neue Bewegung in ein neues Leben, das ihr so stark fühlt und leben möchtet, lässt los, ohne zu fragen, wie das Alte noch dienen kann. Es geht um euch, euer Selbst in Liebe anzunehmen. Euer Bestreben, das Alte zu sichern, ist nicht notwendig, wenn ihr euch selbst gefunden habt. Auch eine angemessene Güterteilung wird dann die Folge sein.

(Seth jetzt mit Nachdruck und sehr optimistisch:)

Habt den Mut, nach vorne, in das Neue zu schauen, ohne Angst, ohne das Gefühl des Verlusts von etwas Altem. Das Alte gibt es nicht mehr. Es ist vorbei!

Habt den Mut, das Neue anzuschauen und anzugehen, ohne euch nach dem Bedürfnis, was es euch im materiellen Sinn bringt, zu fragen. Habt den Mut, es anzugehen, euer Inneres, eure Seele, eure Liebe zu erfahren.

Eure Liebe ist nicht der Partner, der bei euch war, mit dem ihr so viele Dinge gemeinsam erlebt habt. Eure Liebe seid ihr selbst. Es kommt auf das Erkennen, das Wahrnehmen und Fühlen eures Selbst an, ohne die Frage, wie es sich entwickelt und in der Außenwelt erleben lässt. Die Außenwelt und das Erleben

zeigen sich unerwarteter Weise dann von selbst. Das neue Leben kommt auf euch zu, das glückliche Leben, das euch erfüllt,
ohne die Abhängigkeiten, die ihr zuvor als so wertvoll empfunden habt.

Die neue Beziehung

In neuen Beziehungen, die ihr eingeht, gibt es immer die Herausforderung des Unbekannten. Der Reiz, der darin liegt, wirkt sich auch auf den Reiz der sexuellen Bedürfnisse aus. Es ist ein menschliches Urbedürfnis, den anderen Menschen auch sexuell zu lieben. Dieses wunderbare neue Gefühl erweckt insgeheim Wünsche und Bedürfnisse, die ihr nun leben möchtet. Etwas Neues, Ungeahntes, etwas, das euch zutiefst berührt, das ihr erkennen und erfahren möchtet, ist in eurem Leben. Dieses Unbekannte, Neue, verleiht euch Flügel, wieder den Sinn des Lebens und der Freude zu fühlen und das Leben wieder interessant zu gestalten.

Das Neue, das sich euch zeigt, ist wunderschön, beglückend und lässt euch alles Bisherige infragestellen. Mit der Zeit, in der ihr hier auf der Erde lebt, wird es sich zeigen, ob das Neue auf Dauer wirklich beglückend ist, oder ob es nur kurz einen Wunsch eures Seins erfüllt. Euer tieferes inneres Gefühl und nicht der Verstand wird euch den Weg weisen, wo ihr euch hingezogen fühlt. Es zeigt euch, was ihr in der Tiefe eures Selbst möchtet und was sich verwirklichen soll.

Es gibt kurze „Eskapaden" von Erfahrungen, die schnell abgeschlossen sind. Es gibt auch „Eskapaden", die euer Inneres ansprechen und euch zum Weiterleben dieser Beziehungen drängen. Die Neugier ist da. Doch in diesem Stadium der Neugier geht es nicht mehr darum, etwas besitzen zu wollen, sondern dass sich etwas gut anfühlt und es gewähren zu lassen. Und darum wollt ihr wissen, wie es sich entwickelt.

Entwickelt es sich weiter und die Beziehung bleibt bestehen, kommt auch hier die Gewohnheit auf, in der ihr hinterfragt: Ist es das? Diese Frage ist absolut sinnvoll und angebracht.

Wenn sich diese Frage nämlich stellt, seht ihr dadurch, dass das Alte, was ihr hinter euch gelassen habt, wirklich nicht mehr passt. Ihr seid so weit im Entwicklungsstand der Veränderung angekommen, dass ihr nicht mehr alles so annehmt und akzeptiert, wie es ist, sondern euch fragt: Was stimmt für mich?

In jeder Beziehung kommt irgendwann Langeweile durch das Gewohnte und Bekannte auf. Und hier möchte ich noch einmal an eure alten Systeme anknüpfen: Es gibt auch hier eine gewisse Berechtigung, sie sich anzuschauen und zu hinterfragen: Was ist mir was wert? Was möchte ich? Wie stelle ich mir mein weiteres Leben vor? Bin ich glücklich in diesem Leben? Möchte ich dieses Leben in dieser Gestaltung weiter leben? Und kann ich dabei glücklich sein?

Jedes Neue birgt eine Herausforderung und ein großes Glücksgefühl in sich, es erreicht zu haben. Und dann zeigt sich wieder, ob das Erreichte dir gefällt oder nicht. Doch wird es immer eine Weiterentwicklung in deinem Selbst, in deinem Wertgefühl und Selbstverständnis bewirken.

Ihr könnt hundertmal nach einem neuen Partner suchen und auf dieser Suche hundert Beziehungen eingehen und dieses Glücksgefühl hundertmal erleben – tausendmal –, und ihr werdet es nicht finden, wenn ihr nicht das Glück in euch selbst gefunden habt. Kein Mensch kann euch dieses Glücksgefühl geben, das bereits in euch steckt und das ihr in euch finden möchtet.

Freiheit

Die neue Freiheit und Unabhängigkeit, die ihr euch erschließen könnt und die ihr innerlich bereits gewählt habt, bereitet euch Angst. Ihr habt Angst, euch in dieses Ungewisse hineinzubegeben, weil ihr nicht wisst, wie es sich anfühlen wird. Doch wirkliche Freiheit und Unabhängigkeit zeigen sich euch in allerhöchstem Maße, wenn ihr die Entscheidung trefft, euer Selbst anzunehmen. Erlaubt euch, es in den Vordergrund zu stellen und als höchste Wichtigkeit zu erforschen. Die Angst des Ungewissen ist wie die graue Wolke: undurchsichtig, undurchschaubar. Doch hinter dieser grauen Wolke ist die größte Sonne, die ihr euch vorstellen könnt – die Sonne in euch.

Hinter jeder grauen Wolke ist das Licht, das immer da ist. Glaubt mir, es lohnt sich, den Mut aufzubringen, sich selbst kennenzulernen und durch diesen grauen Schleier der Ungewissheit des Neuen hindurchzugehen. Die Angst, die sich in euch breitmacht, ist nur von kurzer Dauer, wenn ihr euch entscheidet, eure Ganzheit zu erleben. Diese Angst basiert nur auf den alten Sicherheitsvorstellungen, sich aufgehoben und geborgen fühlen zu wollen. Aber anstelle dessen treten eine Geborgenheit und eine neue Sicherheit ein, die auf Leichtigkeit und Freude über euch selbst gegründet sind. Diese geben euch ein so gutes Gefühl, dass die Sicherheit in der Zukunft überhaupt keine Rolle mehr spielt, weil ihr das Aufgehoben-Sein und das Glücklich-Sein im Jetzt fühlt. Dieses setzt in euch ungeahnte Kräfte und die anderen Potenziale frei. Die neuen Ideen eures Herzens werden sich dann auch erfüllen.

Die neue Sichtweise hinter dieser grauen Wolke ermöglicht es euch, eine neue Verantwortung zu übernehmen.

Es ist wichtig, hier noch einmal über den Inhalt von Verantwortung zu sprechen. Verantwortung beinhaltet auch Freiheit. Im Verhältnis zu den Mitmenschen und dem Kollektiv, in das ihr eingebunden seid, gibt es immer eine äußere wie auch innere Verantwortung. Doch ihr könnt keine vollständige Verantwortung für eure Mitmenschen übernehmen, wenn die eigene innere Verantwortung noch nicht erfasst, gelebt und wahrgenommen ist.

In dieser Freiheit eures Selbstseins werdet ihr euch wahrnehmen und der Verantwortung eures Selbst gewiss sein. Die größte Verantwortung, die ein Mensch haben kann, ist die Verantwortung sich selbst und seiner Seele gegenüber. Was möchte ich erfahren, was möchte ich erleben, was möchte ich zum Ausdruck bringen, wer bin ich? Ich erwähne hierzu wieder einmal das Wort „Liebeskraft" – die Liebe und die große Kraft, die in dir stecken, wahrzunehmen.

Macht und Ohnmacht sind in der jetzigen Zeit ein großes Thema. Macht und Ohnmacht werden auch häufig falsch zitiert. Ein Zurückgehen in das Altgewohnte ist Ohnmacht. Aber auch darin steckt wiederum eine Macht, nämlich die Macht, das Alte aufrechtzuerhalten. Hinter der grauen Wolke ist keine Ohnmacht mehr vorhanden. Hier findest du eine wunderschöne Macht, dich selbst zu erkennen, wahrzunehmen, dich zu fühlen und dich leben zu lassen. Hier fühlst du, was deine innere so wunderbare Macht ist, die nichts mit anderen Menschen und Manipulation zu tun hat. Deine eigene Macht hilft dir dabei zu erkennen, was wirklich in dir steckt und was Wunderschönes in dir blüht. Diese Macht dann zuzulassen und zu leben, ist für dich wie auch für deine Mitmenschen das Wundervollste an Entfaltung und innerer Sicherheit, das es nur gibt.

Da ich wahrnehme, dass bei einigen von euch noch immer ein Zögern vorherrscht, möchte ich abschließend noch einmal deutlicher fragen: Warum sehnt ihr euch immer nach diesen alten Abhängigkeiten und getraut euch nicht, in die Unabhängigkeit und die Freiheit zu gehen? Diese alte Abhängigkeit der Vertrautheit, wie ihr sie empfindet, ist doch nur ein Warten auf euren Tod! Ihr wollt in eurem Leben nichts mehr verändern und habt bereits mit eurem Leben abgeschlossen, weil ihr das Alte festhalten wollt, das euch so viele Jahre gedient hat und sich gut anfühlt. Doch wo lebt ihr, wo lebst DU?

Kannst du dir vorstellen, dass hinter dieser Wolke, in der Unabhängigkeit und Freiheit, in der du die Verantwortungen, was andere Mitmenschen betrifft, losgelassen hast, all die Antworten für dich zu finden sind? Genau dort findest du, was du möchtest, leben und sein willst.

Fühle das einmal, nimm es wahr, es ist wie ein neues Leben, eine Neugeburt, die ein einzelnes Leben nicht festlegen, sondern möglich machen will, ohne sich neu zu inkarnieren, ohne noch einmal von vorne beginnen zu müssen. Möchtest du wirklich freiwillig wählen, ein Leben nur in diesem einen Thema zu erfahren? Möchtest du nicht ein wunderbares Neu-Ankommen, eine wunderbare Geburt erfahren?

Es wäre so einfach! Glaube es doch nur!

Nun habt ihr den Schritt durch die graue Wolke gewagt. Bravo!

Sofort kommen jetzt eure Fragen: Was ist, wenn ich Kinder habe und dadurch doch in einer Verantwortung stehe? Die Kinder bedürfen einer Obhut und einer Begleitung. Sie haben sich euch als Eltern ausgesucht und würden euch noch immer wählen. Doch wenn ihr die Freiheit in euch gefunden habt, könnt ihr den Kindern kein größeres Geschenk mitgeben, als in ihnen schon diese Freiheit zu entfachen. Ihr könnt ihnen die Freiheit wiedergeben, mit der sie hier auf die Erde gekommen sind.

Die richtigen Gedanken über die finanziellen Mittel und das Versorgt-Sein stellen sich von selbst ein. Es wird euch dadurch stets das Notwendige zufließen. Es wird sich so einstellen, auch weil die Kinder den inneren Wunsch haben zu erfahren, auf welche Weise dieses Versorgt-Sein erfolgen wird.

Verantwortung euren Kindern gegenüber ist, ihnen die ANTWORT zu geben, die sie wünschen, um mit dem Leben und allen Themen dieses Menschseins in Berührung zu kommen. Die Kinder, die heute auf der Welt sind, haben nicht dieselben Bedürfnisse von Fülle, Status und Reichtum in sich programmiert, wie ihr sie definiert. Diese Kinder haben eine andere Vorstellung, nämlich die Liebe auf der Erde zu erfahren. Und die Liebe ist nicht an äußere Werte gebunden. Die Liebe des Herzens wahrzunehmen, egal, was sich im Außen vorfindet, ist für sie das Entscheidende. Daher macht euch keine Sorgen um eure Kinder der Verantwortung wegen. Kinder haben nicht diesen Anspruch auf Luxus, Sicherheit und Verantwortung, wie ihr es in eurer Zeit erfahren habt.

Es gibt nichts Wertvolleres und Erfüllendes für die Kinder und für euch Menschen als die Liebe, die Liebe zu Allem-was-ist. Nichts kann Liebe ersetzen, überhaupt nichts.

Auch das Thema Kinder und Verantwortung ihnen gegenüber steht somit in einem neuen Licht.

Und jetzt möchte ich dich bitten, dich einmal in diese Liebe hineinzufühlen, die du für deine Kinder empfindest, und in das, was du ihnen als größtes Geschenk mitgeben möchtest, wirklich mitgeben möchtest.

Wirkliche Liebe zu empfinden und zu fühlen bringt alle Wünsche in Bewegung und erfüllt diese auch. Deshalb sorge dich nicht um „die Nahrung", die du deinen Kindern mitgeben möchtest. Die Nahrung ist die Liebe. Und mit dieser Liebe gibt es keinen Mangel, auch keinen Mangel im Äußeren. Die innere Liebe und Zufriedenheit und das Selbstsein zu fühlen, wird sich im Außen auch erfüllen. Es ist so einfach, mein Liebes. Glaubst du daran?

In diesem Prozess des Erkennens spielen Gefühle des Vertraut-Seins, des Bekannten und des Aufgehoben-Seins mit, und die Angst ist groß, etwas Neues anzugehen.

Ihr wollt das alte Schöne, was auch seine Berechtigung hatte, in euch festhalten und regenerieren. Es gab ja so viele wunderschöne Momente, die ihr nicht loslassen möchtet. In eurem Hinterkopf erinnern sie euch immer wieder daran, wie schön es doch war. Doch seht ihr einfach nur diese Momente, die wirklich einzigartig waren, und vergesst die Situationen, in denen ihr euch unwohl gefühlt habt und die euch nicht erfüllt haben.

Regeneration ist, den alten, kleinen Moment des Erlebten festhalten zu wollen. Dahinter aber steckt ein größerer Wunsch.

Regeneration ist das Regenerieren in eurem Selbst, euch in das, was ihr seid, zu regenerieren. Ihr verwechselt es mit einem Regenerieren des erlebten Bewussten und seid nicht erfüllt dabei, weil sich dahinter ein Wunsch offenbart, nämlich das Regenerieren zu eurem Ur-Selbstsein.

Es hat nichts mit „re" im Sinne von zurückgehen zu tun. Das Wort Regeneration hat damit zu tun, euch wieder zu erinnern, wer ihr seid, warum ihr hier seid und was ihr euch für dieses Leben wünscht. Ihr könnt das in keinem anderen Menschen finden und euch glücklich dabei fühlen, wenn ihr nicht euer Sein zuerst erfahren, erleben und wieder fühlen möchtet.

Ration ist die Fülle des Ganzen, die in euch steckt. Und diese „Ration", die in euch ist, möchte sich wieder „re" erfahren.

Ich möchte jetzt keine großen Wortspiele betreiben und euch trotzdem aufzeigen, wie viel dahinter steht, wie viel es beinhaltet. Ich möchte euch diese ganze Fülle aufzeigen, die darin enthalten ist und entfaltet werden möchte, und wie viel die Wiederherstellung eures Seins bedeutet.

Regeneration: Finde dich selbst wieder und erneuere nicht das Alte, weil das Alte keine Wiedergeburt ist. Es ist nicht die Neugeburt, die du in deinem tiefen Inneren möchtest, sondern die Wiedergeburt in dir, die Wiedergeburt zu deinem Sein, zu deinem Inneren, zu dem, was du bist. Kein Erleben des Außen kann dich so erfüllen, wie dich dein inneres Selbst erfüllt, wenn du diese Regeneration für dich wählst.

Es ist auf der Erde, in deinem Umfeld, bei deinen Mitgefährten noch unvorstellbar, wie sich das anfühlt und gelebt werden kann. Und wenn diese Gedanken in dir aufkommen, ist das nur ein Zeichen, dass du nur wieder die Umwelt für dein Glück verantwortlich machst und nicht deinem inneren Glück und deinem inneren Selbst die Aufmerksamkeit gibst.

Die Aufmerksamkeit immer nur dem Außen zu geben, der Umwelt, dem Umfeld und den Mitmenschen, die ja nach eurem Empfinden so wunderbar und hervorragend in euer Leben passen und euch auch erfüllen, befriedigt euch im Inneren trotzdem nicht. Es ist wie eine Auszeit, der ihr euch widmet. Diese hat zwar auch ihre Berechtigung, aber widmet doch einmal eure Zeit eurem Selbst, euren eigenen Bedürfnissen, ohne sie von der Außenwelt – ich sage bewusst Außenwelt, weil es im Außen stattfindet – beeinflussen zu lassen. Es möchte sich euch in eurem Inneren etwas präsentieren.

Diese Regeneration beinhaltet die Bereitschaft, sich anzuschauen: Was möchte ich? Möchte ich die alten Strukturen der alten Generation aufrechterhalten und innerhalb dieser Generation weiterziehen, wo sie sich schlussendlich nicht mehr erfüllen und damit keine Gültigkeit mehr haben, oder ziehe ich die Regeneration vor, mein eigentliches Sein und Selbst wieder anzunehmen und zu integrieren, mein wirkliches Zuhause zu fühlen, die Liebe zu fühlen, die ich ursprünglich bin, aber im Moment nicht so wahrnehme, und auch all dies ins Leben zu integrieren?

Ihr lebt auf der Erde in der Polarität, wo es immer diese zwei Seiten gibt. Gehe ich ins Alte zurück und versumpfe dort, oder wähle ich wieder mein Sein, was ich wirklich bin, und baue auf dem auf? Dieses Aufbauen fühlt sich im Moment turbulent an. Es kommen Turbulenzen, die das Alte, die alte Regeneration, die alten Denk- und Verhaltensweisen eurer Familie infrage stellen. Es war auch sehr viel Gutes darin enthalten, was aber nicht mehr in die heutige Zeit, in diese neue Bewusstwerdung passt und euch nicht mehr erfüllt.

Was will ich jetzt? Die Frage stellt sich dir. Möchte ich das Alte aufrechterhalten oder mein wirkliches Sein, mein Selbst, wieder in mir integrieren?

Ihr habt die Möglichkeit, dieses Spiel noch zehn, zwanzigmal zurückzuverfolgen, und ihr habt die Möglichkeit, diesen Schritt zu wagen, der von euch Mut verlangt, eurem inneren Selbst zu vertrauen und nachzugehen.

Ihr könnt euch noch nicht vorstellen, wie sich das Neue anfühlt. Den Schritt ins Neue entscheidet ihr selbst. Aber es ist DEIN Schritt, den du selbst machen musst, und DEINE Entscheidung, die DU für DICH triffst.

Wage doch nun den Schritt in das Ungewisse und trotzdem in das Wissen dessen, wer und was du bist.

Die Familie

ANPASSUNG! Ihr habt euch eurem Umfeld angepasst, eurem Job, eurer Familie, Allem-was-ist. Ihr habt euch angepasst. Es gibt gewisse Normen, die ihr liebt und die ihr nachvollziehen möchtet, weil es euch befriedigt, immer wieder das Althergeholte zu fühlen.

Es gibt aber noch etwas anderes, und das möchte ich euch vermitteln: die LIEBE. Die wirkliche Liebe! Und es gibt Menschen, die ihr wirklich liebt und mit denen ihr eine Verbindung eingegangen seid und deshalb diese Liebe auch erleben sollt.

Diese Liebe, in der ihr inniglich mit diesen Menschen verbunden seid, ist euer Antrieb, eure Kraft. Sie wird auch eure Gefühle immer wieder herausfordern und euch eure Gefühle bewusst werden lassen.

Diese Liebe ist eure Daseinsberechtigung. Ihr habt sie mit euren Familienmitgliedern ausgewählt. Mit den Menschen, mit denen ihr euch verbunden habt, erlebt ihr die größten Herausforderungen eures Lebens. Trotzdem ist es das größte Geschenk, weil ihr eine Familie seid und die Liebe fühlt. Ihr habt euch aber innerhalb dieser Familie auch verschiedene Schritte und Wege gewählt, die ihr gehen möchtet, und die Liebe der Familie zeigt, wie weit diese Schritte möglich sind.

Und du in deinem Sein hast die Herausforderung, dein Selbst mit in die Familie einzubringen und auch sie darin zu bestärken und zu unterstützen, dies auch zu tun, ob sie es wahrnehmen oder nicht. Aber Familie ist Familie. Ihr habt eine Familie gewählt, die gewisse Gesichtspunkte aufzeigt, weil nichts stärker ist als eine Familie, die sich liebt und einander etwas aufzeigen und jeden Einzelnen so respektieren kann, wie er ist.

Auch in der Familie gibt es gewisse Hierarchien, die ihr euch gewählt habt und hier auf der Erde erleben möchtet. Und glaubt mir, es ist alles abgesprochen, was ihr vorfindet. Gerade die Familie ist ein Paket von Bewusstsein, das ihr hier auf der Erde erkennen und leben möchtet.

Und gerade in der Familie, mit der du von Herzen verbunden bist, gibt es viele Möglichkeiten, die jedes einzelne Mitglied spielt und aufzeigt. Jedes Familienmitglied hat eine gewisse Funktion. Diese Funktionen sind deklariert wie in einem juristischen Programm. Es ist abgesprochen, was jeder Einzelne für sich als Endziel wählt. Also kümmert euch nicht darum, was besser oder schlechter ist. Ihr alle habt euer Endziel gewählt.

An dieser Stelle muss ich noch einmal intervenieren: Es gibt ein jeweiliges Endziel, und wenn ihr dieses erreicht habt, liebe Menschen, dann müsst ihr nicht sterben. Ihr müsst nicht sterben und euch auch nicht verabschieden von der Erde. Aber ihr dürft euch verabschieden, und ihr dürft sterben und gehen. Aber euer Endziel, das ihr in dieser Familienhierarchie gewählt habt, bleibt, so lange es euch nicht bewusst geworden ist, ein „wunderschönes Spiel", das voller Liebe, Hass und Unverständlichkeit gelebt wird. Ihr dürft am Ende gehen, ohne dass es euch bewusst geworden ist. Ihr verlasst die Erdenbühne, ohne an eurem selbst gesteckten Ziel angekommen zu sein.

Wenn ihr aber am Ende eurer Lebensaufgabe die Erkenntnis habt, am Ziel angekommen zu sein, dann könnt ihr noch einmal bewusst entscheiden, das Leben jetzt zu genießen, den Bonus, den Joker anzunehmen und euch noch etwas anderes anzugucken als das, was ihr euch für dieses Leben ausgewählt hattet. Jetzt seid ihr frei. Ihr könnt wählen: Möchte ich das Leben so beenden mit meinen Erkenntnissen, die ich habe, oder möchte ich noch etwas Neues?

Ihr habt jetzt die Möglichkeit, die nächsten zehn oder zwanzig Jahre in der Langeweile zu verbringen, oder ihr könnt entscheiden: So, jetzt erwache ich noch einmal und nehme das Interessante, das mir das nächste Leben bieten würde, bereits jetzt an. Ihr müsst euch nicht mehr verabschieden und euch mit den Fragen auseinandersetzen: Wie war mein Leben, was ist mit und nach meinem Tod?

Einen Tod gibt es nicht. Es gibt immer nur wieder Leben und die Vorbereitung auf das nächste Leben. Wenn euer physischer Körper tot ist und ihr hier im nicht-physischen Universum ohne Körper weiter existiert, wünscht ihr euch wieder das nächste Leben und die nächste Erfahrung. Und ihr habt die wunderschöne Möglichkeit, diese Warteschleife nicht mehr durchlaufen zu müssen. Ihr dürft es zwar, und wenn ihr müde seid, dann tut es. Aber ihr könnt, wenn ihr auf der anderen Seite angekommen seid, nicht mehr so lange schlafen und warten, sondern werdet gleich euer neues Leben vorbereiten.

Ihr könntet bereits in eurem jetzigen Körper das neue Leben in Angriff nehmen. Dabei kommt euch zugute, dass ihr das ganze Wissen dieses Lebens nicht mehr hervorholen müsst nach einer Neugeburt, sondern dass es präsent ist. Und deshalb verkürzt sich der Zyklus.

Ist das nicht eine wundervolle Perspektive? Ist das nicht ein Ansporn?

Veränderungen

Eure neuen Erkenntnisse über euer Selbst erwecken in euch den Wunsch nach Veränderung. Veränderung ist das natürliche Bedürfnis des Menschen und beinhaltet auch das Entdecken des Neuen, des Unbekannten. Der Wunsch nach Veränderung ist immer ein sicheres Zeichen für eine momentane Unerfülltheit.

Auch wenn ihr euch selbst entdeckt und wiedergefunden habt, entsteht der natürliche Wunsch nach Veränderung. Alles ist Veränderung. Jeder Tag gebiert sich neu und ist Veränderung. Und kein Tag ist wie der vorangegangene.

Wenn ihr diese Veränderungen auch in euch jeden Tag zulasst, wird das Leben viel leichter. Wenn ihr euch eure Wünsche täglich bewusst zu erfüllen versucht und diese dann genießt, wird der darauffolgende Tag noch schöner.

Einerseits wünscht ihr Veränderung, möchtet gerne Neues erfahren und erleben. Weil aber auf der Erde noch die Polarität Gesetz ist, seid ihr noch hin und hergerissen. Diese Polarität verlangt von euch andererseits jedoch wiederum, diese Veränderung auch anzunehmen und freudig etwas Neues zu wagen.

Einerseits lockt das Neue, andererseits möchtet ihr nur wegen der Aspekte, die euch noch erfüllen und Freude bereiten, am Alten weiterhin klammern. Und schon steckt ihr wieder in der Polarität, das Alte trotz der nicht erfüllenden Aspekte noch festhalten zu wollen.

Ob es nun um eine Beziehung geht oder um eine Freundschaft, um euer berufliches Tun oder sogar um euer Heim, das euch dienlich ist, aber nicht zufriedenstellt, ihr wollt immer noch das Alte festhalten.

Alle diese Dinge, die euch nicht wirklich beglücken, zeigen euch auf, was ihr in euch zum wirklichen Glücklich-Sein noch nicht wiedergefunden habt. So lange ihr mit Situationen Kompromisse eingeht, geht ihr Kompromisse mit euch selbst ein. Und so sucht ihr weiter nach dem wahren Glücksgefühl.

Nur Veränderungen aus solchen Zu- und Umständen werden auch Veränderungen in euch bewirken. Das gilt jetzt für diejenigen, die den Mut noch nicht hatten, Veränderungen anzugehen.

Menschen, die ihr Sein, ihr Selbst, wiederentdeckt und verinnerlicht haben, fällt es sehr leicht, ihr Inneres ohne Kompromisse im Außen neu zu gestalten.

Ohne die Entscheidung und das Angehen und Zulassen von Veränderungen wird sich in eurem Leben auch nichts Neues, Freudiges bewegen.

Ich habe in den letzten Kapiteln bewusst einige Themen immer wiederholt, so, wie es in eurem Leben auch oft Thematiken gibt, die sich ständig wiederholen. Ihr knüpft immer wieder am Alten an, bis ihr den wirklichen Schritt der Veränderung schafft. Seid deswegen nicht traurig. Es gehört zum Veränderungsprozess, bis ihr den Mut habt, die Veränderung wirklich zuzulassen und eine klare Entscheidung trefft.

(Seth spricht nun wieder besonders gefühlvoll:)

Wage nun ganz bewusst den Schritt und entscheide dich, deine Veränderung, die dein Inneres so sehr möchte, zuzulassen. Fühle die Liebe deines Selbst, deines Seins, deiner Seele, die jetzt wieder vollständig in dir bewusst werden und nicht mehr warten möchte.

Nimm dir nun einen Moment Zeit, heute oder morgen, wann immer du möchtest, um in deine Tiefe einzutauchen und dein wunderbares Sein wieder zu fühlen. Und dann wähle ganz klar und ohne Kompromisse, wie du dein Leben weiter erleben möchtest. Fahre anschließend mit dem Lesen fort.

☆☆

Mein lieber Mensch!

Wenn sich dein Inneres nun entschieden hat, sich selbst wahrzunehmen, zum Ausdruck zu bringen, wirst du feststellen, dass dein Umfeld ein solches Bewusstsein noch nicht unbedingt erlangt hat. Die Mitmenschen haben es vielleicht noch nicht erkannt und sind noch nicht auf diesem Weg. Sie halten noch am Alten fest. Doch du bist dir nun sicher, deinen Weg zu gehen, deine Entwicklung anzunehmen und für dich einzustehen. Vielleicht nimmst du jetzt schon dieses wunderbare Gefühl wahr, das sich nun in deinem Leben zeigen möchte.

Das Leben mit deinen Mitmenschen wird sich verändern. Menschen des alten Denkens werden sich nicht mehr mit dir eins fühlen, weil dieses Fühlen nur vom Verstand her geprägt war. Neue Menschen werden jedoch in dein Leben treten. Diese werden sich freuen, jemanden gefunden zu haben, der auch von Gefühlen spricht, die Gefühle zum Ausdruck bringen und diese im Leben erfüllt wahrnehmen möchte. Freue dich jetzt auf dieses Neue.

Ich möchte hier nicht weiter darauf eingehen, wie sich das alles anfühlen und leben lässt. Ihr werdet Menschen begegnen, die eure Sprache sprechen, und auf Mitgefühl und Verständnis stoßen.

Zu diesen Themen habt ihr außer neuen Begegnungen immer wieder die Möglichkeit, euch in Seminaren begleiten zu lassen. In den Seminaren werde auch ich detaillierter auf dich eingehen, wenn du dieses wünschst. Wir möchten das nicht überbetonen oder uns hervorheben. Es beinhaltet einfach die grundsätzliche Möglichkeit einer Hilfestellung in der Übergangszeit. Diese darfst du im Bedarfsfall in Anspruch nehmen, um auf deinem Weg die Leichtigkeit zu behalten.

☆☆

Der Erkenntnis folgt die Umsetzung.

In diesem neuen Gefühl, das du in dir trägst, ist die Erkenntnis, dein Wissen, wieder präsent. Das nennt ihr in eurer Volkssprache „Erleuchtung". Diese Erleuchtung ist wie ein Blitz. Doch da ihr im Außen und bei euren Mitmenschen nicht dieselbe Erleuchtung vorfindet, kann es in euch ein Gefühl von Wut zutage fördern. Diese Wut, die sich in der Ohnmacht des äußeren Zusammenlebens bemerkbar macht, gleicht einem Donner.

Das sind Gefühle, die euch jetzt wirklich herausfordern. Damit lernt ihr zunächst umzugehen. Da ist dieses Wissen, dieses Licht in euch, und gleichzeitig der Groll, das Ergebnis eurer Erkenntnisse momentan im Leben noch nicht vorzufinden und umsetzen zu können. Euer innerer Rebell meldet sich, und ihr fühlt euch der Situation ohnmächtig ausgeliefert. Doch der Donner und die Wut sind eure innere Rebellion, das Leben nun anders anzugehen, und sie zeigen euren tiefen Wunsch auf, das Leben sich weiterentwickeln zu lassen und für euch einzustehen. Es spiegelt im Moment noch die Polarität, die des Lichts, der inneren Erkenntnis und der Ohnmacht, diese Erkenntnis im Außen nicht vorzufinden.

Doch ist dies das schönste Signal, nicht mehr in dem Gewohnten auszuharren und steckenzubleiben. Es dauert nur eine kurze Zeitspanne, um durch die alten Strukturen, in denen ihr euch aufgehalten und die ihr als wichtig empfunden habt, zu gehen. Dabei nehmt ihr euer inneres Licht mit und werdet souverän. Blitz und Donner beinhalten ja auch den Nervenkitzel, den ihr braucht, um euch lebendig zu fühlen und am Leben zu erhalten. Nehmt es freudig an, denn es ist der Weg, der eure Identität bestärkt und euch wieder das Leben fühlen lässt. Ihr habt den Weg der Liebe für euch gewählt und erfahrt jetzt nur noch, wie es sich anfühlt, dort anzukommen.

Die meisten Menschen werden das nicht nachvollziehen können und weiterhin den alten Weg beschreiten, weil sie für sich noch nicht die Entscheidung getroffen haben, das wirkliche Ganzsein, die wirkliche Fülle zu leben. Doch durch euer echtes Gewahrsein und eure Entscheidung, für euch einzustehen, seid ihr nun ein Vorbild. Euer neues Sein und euer Mut, dies auch in der Öffentlichkeit unter den Menschen zum Ausdruck zu bringen, motiviert unausgesprochenerweise euer ganzes Umfeld. Selbst wenn es im Moment nicht so reagiert, wie ihr es euch wünscht.

Dein Sein mit deinen neuen Erkenntnissen wird viele Menschen anregen, sich dein neues Selbst, deine neue Ausstrahlung, deine Zufriedenheit anzuschauen. Dadurch kann bei ihnen ein Umdenken und eine Neugier erweckt werden, die Zusammenhänge dafür herauszufinden.

Glaube mir, mein lieber Mensch, dieser Blitz des Wissens und dieser Donner des Zweifelns, die in dir toben, sind natürliche Vorgänge, um dich von dem Alten loszulösen. So kannst du dich ganz annehmen und wirst nicht mehr das Äußere, Gewohnte, das, was man von dir erwartet, erfüllen. Der Blitz und der Donner in dir, die Erleuchtung und der Groll, wandeln sich schnell in ein neues Selbstwertgefühl. Es sind nur die ersten Auseinandersetzungen, die du noch mit dir führst.

Das Vertrauen in dich und dein Gefühl wird sich schnell als dein Hauptziel manifestieren. Die anderen Gefühle des Donners werden immer weniger, und dein Licht aus deinem Inneren erstrahlt jeden Tag etwas mehr. Dieses Licht, dieses Glücksgefühl und diese Liebe, die du in dir erfährst, bewahren dich vor äußeren Einflüssen. Du wirst bald diesen Donner in deinem Außen nicht mehr wahrnehmen und nicht mehr als bedrohlich für dich empfinden, weil du die innere Bedrohung in dir selbst immer weniger siehst.

Ihr Menschen wünscht euch diesen Blitz und Donner, um euch lebendig zu fühlen.

Eure Kinder

Lebendig fühlen möchten sich auch die Kinder, die hier auf der Erde sind. Sie sind voller Neugier und Wissensdurst, das Leben zu erfahren. Sie wünschen sich, mit dem Licht, das sie in sich tragen, und mit ihrer Unschuld auf der Erde zu sein. Und zuerst sind da auch nur dieses Licht und diese Unschuld.

Die Erleuchtung, die ihr Menschen für die Kinder möchtet, bringen diese bereits mit. Sie kommen in eine Familie und erleben dann, dass die Unschuld und die Liebe, die sie mitbringen, begrenzt werden. Sie werden eingegrenzt in Regeln, worauf sie erst einmal rebellieren. Was soll ich erfüllen, was doch bereits da ist? Diese Kinder sind erfüllt von Liebe und erleben auf der Erde, dass sich diese Erfüllung nicht so zeigt, wie sie es in sich fühlen. Sie lernen die Grenzen des Menschseins kennen und die Begrenzung von Möglichkeiten, die sie in sich nicht als Grenze empfinden.

Doch möchte ich darauf hinweisen, dass diese Kinder, die hauptsächlich in der letzten Zeit geboren worden sind und sich auf der Erde einfinden, auch zunächst noch Begrenzungen wünschen. Sie möchten erfahren, wie sich Begrenztheit auf der Erde anfühlt. Doch wenn diese zu stark wird, geben sie auf.

Einerseits wünschen diese Kinder, sich in der Polarität, in dem Erkennen der Verpflichtungen, einzuordnen, und andererseits, in diesen Verpflichtungen wieder ein Revolutionär zu sein. Doch werden sie zu stark eingeschränkt und treffen auf zu große Hindernisse der Selbstentfaltung, werden sie nicht zu Revolutionären, sondern zu Revoluzzern.

Jedes Kind wählt sich sein Umfeld genau aus, bevor es sich entscheidet, dieses und das Elternpaar anzunehmen. Und tief in diesem Kind, wie auch in seinen Eltern, besteht größter Respekt vor den getroffenen Entscheidungen. Im Inneren der Eltern ist die Achtung, ein solches Kind anzunehmen, und im Kind ist die Achtung, dieses Elternpaar anzunehmen. Es geht um die Erfahrung aller Beteiligten und ihre Entwicklung. Diese sind fruchtbar und förderlich für die Veränderung, das Weiterkommen und das Wiederfinden des absoluten Seins.

Fühlt euch jetzt einmal in ein solches Kind ein, in dieses unschuldige Wesen, das sich bereiterklärt, für sich und für euch eine Erfahrung zu ermöglichen.

Natürlich werden die Kinder auch zu Erwachsenen, weil sie auch dort ihre Erfahrung machen und am Geschehen teilhaben möchten. Doch als Kind ist es immer eine Verbundenheit, eine Verschmelzung mit den Eltern. Sie möchten mit ihnen einen gemeinsamen Weg der Erkenntnis, des Gefühls und der Liebe erfahren. Im Elternhaus gelingt das immer wieder wunderbar, weil dort die Verschmelzung unmittelbar ist. Die Eltern sind immer mit dem Kind verschmolzen und das Kind mit den Eltern. Und dort sind die Liebe, das Verständnis und auch das Gefühl von unausgesprochenen Dingen immer präsent.

Später wird dann das Kind vom geborgenen Umfeld hinausgeschickt in eine unbekannte, neue Erfahrung. Das Kind drängt es auch zu dieser neuen Erfahrung, andere Menschen und Dinge kennenzulernen und sich nicht nur in der Familie aufzuhalten. Es wird neugierig und kommt in die Schule. Dahin bringt es allergrößte Liebe, Neugier und Freude mit und auch etwas Angst, vom Alten wegzugehen. Aber die Neugier überwiegt, und das Kind möchte nun das Neue, das Schöne erfahren.

Es gibt viele Paare, die sich keine Kinder wünschen, weil sie sich schwer damit tun, die Verantwortung zu übernehmen.

Sie empfinden es als zu starke Bedrohung, wie durch die Außenwelt vorgegeben wird, was Kinder brauchen und was es bedeutet, ein Kind zu begleiten. Es ist eine Einschränkung ihres bisherigen Lebens und trotzdem keine Einschränkung. Es erweckt in ihnen ein Gefühl der Verantwortung und des Sinns im Leben.

Kind haben oder nicht? Kind gebären und mit diesem weiterziehen, oder den eigenen Bedürfnissen nachgehen?

Es liegt eine große Herausforderung in einer solchen Entscheidung, die sich vielen Menschen des heutigen Bewusstseins stellt: Kann ich es noch verantworten, ein Kind anzunehmen und zu begleiten?

Doch die Angst ist darauf gerichtet, ob dieses Kind in dieser Welt bestehen kann und ob ihr dem Kind all das erfüllen könnt, was die Umwelt und das Leben an Bedürfnissen und Anforderungen stellt.

Ein Kind, das zu euch kommen möchte, hat diese Ängste und Bedürfnisse nicht. Es hat nur den tiefen inneren Wunsch, die Erfahrungen des Lebens mit euch zu teilen. Es möchte erleben, wie es sich anfühlt, als Mensch auf der Erde zu sein. Es stellt nicht die Anforderungen an eine Ausbildung der Genügsamkeit, weil es sich selbst bereits genügt, wenn es sich entscheidet, zu euch zu kommen. Anforderungen und Lebensinhalte, die ihr als wertvoll einstuft, sind absolut angemessen, weil sich das Kind auf der Erde wohlfühlen und einfinden möchte. Und dieses Kind möchte das auch bei euch als Eltern lernen.

Größte Sorgsamkeit und Vorsicht sind daher geboten, ob es wirklich dient. Ob es angemessen ist, wie dieses Leben funktioniert, ohne den Keim des allumfassenden Wissens, das dieses Kind mitbringt, zu untergraben. Deshalb fragen sich auch viele Paare: Möchten wir ein Kind, wo wir doch diese Zusammenhänge erkannt haben? Kann ich es verantworten, ein Kind zu gebären, es aufzuziehen und zu begleiten?

Diese Sorgen solltet ihr nicht haben. Wenn ihr die Bereitschaft habt, ein Kind in Liebe anzunehmen, werden die äußeren Umstände immer stimmen, um euch und eurem Kind angemessen zu dienen. Stellt euch vor, dass ein Kind genau weiß, in welche Umstände es sich begibt, wenn es euch als Eltern wählt, und welche Erfahrungen damit verbunden sind, die es kennenlernen möchte.

Ein Kind wird nicht einfach geboren, weil es euer Wunsch ist. Ein Kind wird geboren, weil das Kind den tiefen inneren Wunsch hat, geboren zu werden, und zwar genau in dem Umfeld, in dem es seine Erfahrungen machen möchte.

Dieses Kind dann einfach so anzunehmen, damit ist es allein nicht getan. Jetzt kommt die Herausforderung, dieses Kind, eure und seine Entscheidung, anzunehmen und wirklich in Liebe zu begleiten. In Liebe begleitet zu werden ist etwas, das dieses Kind noch nicht kennt. Es schätzt sehr wohl eure Erfahrung und möchte mit und durch euch lernen.

Eure Entscheidung, ein Kind anzunehmen, beinhaltet auch für euch eine neue Erfahrung – mit einem inneren Wissen, das ihr im Moment noch nicht nachvollziehen könnt. Und trotzdem nehmt ihr dieses Kind an. Und nun geht es darum, sich gegenseitig zu respektieren, zu fördern und offen zu sein für das, worum es für jeden geht.

Ein Kind, das euch als Eltern wählt, weiß um diese Herausforderungen und die Wünsche, die ihr an es hegt. Doch nicht immer ist es mit seinen Gefühlen ganz damit verbunden. Es möchte auch noch andere Erfahrungen machen und euch ebenso diese anderen Erfahrungen und Möglichkeiten aufzeigen. Es ist der schönste Lernprozess, der für das Bewusstsein stattfinden kann. Dieser Lernprozess beinhaltet die allergrößte Liebe, die es gibt: Kind von Eltern und Eltern von Kindern zu sein.

Die ersten Hände, in die ihr euer Kind begebt, ist häufig eine Kindergruppe. Dort steht das Spielerische noch im Vordergrund. Voller Begeisterung bereitet ihr das Kind auf dieses Spielerische vor und auf die Freude, die es dort erwartet. Auch das Kind geht meistens mit Leichtigkeit in diese neue Situation.

Die Kinder, die Schwierigkeiten haben, sich von der Mutter zu lösen, haben bereits erfahren, dass es Abhängigkeiten gibt, die immer erfüllt worden sind. Das ist in den ersten Lebensjahren des Kindes natürlich, und ein solches Kind möchte lernen, nicht mehr in Abhängigkeit zu sein. Es möchte dadurch auch den Eltern aufzeigen, ein Kind nicht von sich abhängig zu machen.

Doch üblicherweise freuen sich alle auf diesen Eintritt in das Neue, in eine Gruppe, eine Gemeinschaft, die sehr interessant ist und neue Impulse gibt. Die Freude, die die Eltern empfinden, wenn das Kind erstmals in eine Gruppe geht, überträgt sich auf dieses Kind. Es fühlt diese Freude und geht das Neue leicht an.

Ein Kind ist von Grund auf neugierig und möchte Neues kennenlernen. Aber es ist nicht immer leicht, sich aus dem Gewohnten herauszubewegen und die gewohnte Sicherheit aufzugeben. Doch das ist nur ein kurzer Moment. Die Freude und die Neugier auf das Unbekannte überwiegen. Es ist alles noch mit Spielerischem verbunden und mit Leichtigkeit für beide Seiten annehmbar.

☆☆☆

Eure „Spiel-Regeln"

Versetzt euch einmal in die Lage eines Kindes. Ihr setzt ihm ein Spiel vor und wollt dadurch gemeinsam die Leichtigkeit leben. Das Kind hat seine eigenen Spielregeln und weiß um seine Bedürfnisse des Spielens. Nun sollen aber eure Spielregeln gelten und eingehalten werden. Deswegen erklärt ihr erst einmal diese Spielregeln. Das Kind aber findet sich überhaupt nicht mehr zurecht bei den dogmatischen Vorgehensmustern, was erfüllt und beachtet werden muss, um zum eigenen Glück zu kommen und zum Gewinner zu werden.

Ein Kind weiß bereits in seinem Inneren, wie es dahin kommt – nämlich mit seinem Herzen, mit seinem Spielgefühl, mit seiner Leichtigkeit und der Offenheit, sich anzuschauen, was auf es zukommt.

Die Spielregeln, die ihr dem Kind erklärt, erklären nur die Spielregeln eures eigenen Lebens, wo ihr euch gefangen fühlt. Dadurch grenzt ihr die Kreativität eines Kindes ein. Ihr fördert es auf der Verstandesebene, um zu lehren, wie etwas funktioniert. Doch die eigene Kreativität des Kindes, die viel größer und weit offener ist, hat dann keinen Platz mehr. Genauso sieht es mit eurer eigenen Kreativität aus. Ihr befolgt diese Spielregeln des Lebens, wie ihr sie bisher erkannt und für richtig empfunden habt. Das war auch gut so, bisher.

Inzwischen habt ihr erweiterte, neue Spielregeln kreiert. Den neuen Spielregeln haben sich eure Kinder bereits schon mit Erstaunen angepasst, obwohl sie sich diese zuvor angeguckt haben und befremdet waren. Diese Spielregeln gelten eigentlich für diejenigen von euch, die sich weiterentwickeln, verändern und im Bewusstsein nachfolgen möchten. Diese Regeln sind aber immer noch eine Begrenzung eures Selbst. Es ist immer noch vorgegeben, wie es sein soll und wer Gewinner und wer Verlierer ist. Diese Spielregeln spielen sich in eurem gesamten Leben, im privaten und, vor allem, im beruflichen Umfeld ab. Es gibt immer noch solche Spielregeln, an die man sich halten muss. Und wenn man diese nicht einhält, ist man nicht mehr dabei. Das spiegelt eure Angst, versagt zu haben und nicht auf der Gewinnerliste zu stehen. Versager und Gewinner, diese Polarität, die im Moment noch vorhanden ist, möchte sich unbedingt verändern. Es gibt keinen Versager und keinen Gewinner mehr. Es gilt nur noch, authentisch, ihr selbst zu sein und euch einzubringen.

Jeder Mensch hat diesen tiefen inneren Wunsch, sein Innerstes, seine Bedürfnisse, sein Sein zu leben, es zum Ausdruck zu bringen und sich mitzuteilen.

Euch mitzuteilen hat jedoch eure Vergangenheit nicht erlaubt. Die Begrenzung war so stark, weil ihr nicht auf Verständnis gestoßen seid, wenn ihr euch eingebracht habt. Ihr habt nur das vorgefunden, was sich bewährt hat.

Der Zeitpunkt ist gekommen, wo es nicht mehr funktioniert, wo alles stagniert und keine Erfüllung mehr im Dasein und im Leben vorhanden ist.

Der Zeitpunkt ist da, sich selbst auszudrücken, für sein Wohlgefühl zu sorgen und es nicht der Verantwortung der Umwelt zu übergeben. Ihr werdet Mitgefühl für euch haben und dieses Bedürfnis auch leben und umsetzen.

Sorgt euch nicht um die Wirtschaft und die Gesellschaft. Die Wirtschaft und die Gesellschaft kümmern sich nicht darum, was ihr im Einzelnen tut. Sie profitieren nur von der Nicht-Authentizität des Einzelnen.

Ich musste diesen Aspekt jetzt hier mit einbeziehen, damit ihr euch dessen bewusst werdet, welchen Einfluss euer Denken und eure Sorgen auf die Entwicklung eurer Kinder haben.

Schulzeit

Irgendwann kommt euer Kind in die Schule. Eine Schule bedeutet für euch Menschen, das Spielerische aufzugeben und zu lernen, die Ernsthaftigkeit des Lebens zu erkennen und sich einzuverleiben. Hierin liegt der größte Wechsel im Leben eines Kindes – komplett loszulassen und trotzdem geborgen zu sein.

Ihr feiert dieses Ritual häufig mit einer besonderen Geschenktüte: Jetzt bist du reif, den Ernst des Lebens anzunehmen. Für euch Eltern beinhaltet es wirklich diesen Grundsatz, dass das Kind nun den Ernst des Lebens lernt und sich Verstandeswissen aneignet, um zu überleben. Und ihr habt Angst, wie das Kind mit diesen neuen Organisationen und Situationen klarkommt.

Diese Angst ist in diesem Moment jedoch im Kind nicht enthalten. Es ist offen, frei und freudig. Das hat es durch das Spielerische der Vorstufe gelernt. Die Ängste, die an dem Tag der Einschulung in die reale Welt auf das Kind treffen, entstammen euren Hoffnungen, Ideen und eurem Verantwortungsgefühl, was aus eurem Kind werden soll. Damit ist die Kindheit vorbei!

Es ist schon wichtig, dass es Schulen gibt und Wissen, wie es auf der Erde vonnöten ist. Ohne dieses Wissen kann ein Kind auf ihr kaum überleben. Jetzt geht es aber zunächst einmal darum, wie es angegangen und dem Kind zugänglich gemacht wird. Wird es ihm einverleibt, oder darf sich das Wissen entfalten? Ihr seid die Richtlinien gewohnt, für die ihr euch entschieden habt und die ihr benötigt, um ein Leben so zu führen, wie ihr es für vernünftig haltet. Doch euer Kind kennt diese Richtlinien noch nicht und hat stattdessen viele andere Ideen. Je nachdem, wie es jetzt weitergeht, werden diese Ideen unterdrückt und nicht gelebt.

Wenn die Kinder in die Schule kommen, vertrauen sie in diesem Augenblick erst einmal vollständig den Worten der Eltern, die sie ihnen mit auf den Weg geben. Diese Worte prägen die Kinder, wie sie das Neue anzunehmen haben.

Es gibt Eltern, die sagen: „Pass auf, sei achtsam, hör gut zu." Diese Kinder hören gut zu. Dann gibt es Eltern, die sagen: „Du musst Leistung erbringen und gute Noten schreiben." Diese Kinder hören nicht mehr zu. Sie sind total in dem Leistungsdruck gefangen, gute Noten zu bringen, und nehmen weniger wahr, was gesprochen wird. Dann gibt es Kinder, die erfahren: „Benimm dich, tue, was sich gehört, sei freundlich", und das sind diejenigen, die sich alles gefallen lassen und untergehen. Dann gibt es Eltern, die den Kindern sagen: „Du musst kämpfen, kämpfen, kämpfen, um dich zu beweisen." Für diese Kinder wird die Schule ein Kampf. Sie kämpfen und kämpfen, wissen aber eigentlich nicht wofür und gehen unter. Dann gibt es Kinder, die sich anpassen, zu allen lieb sein und brav aufnehmen sollen, was kommt. Das sind dann diejenigen, die aus eurer Sicht die Opfer werden. Wieder andere Kinder werden ununterbrochen zu Leistungen aufgefordert, gute Noten zu erbringen, um ein Akademiker zu werden. Diese Kinder werden aufgeben. Sie werden Außenseiter sein und sich in ihrer ganzen Kindheit unwohl fühlen. Sie werden die Kindheit überhaupt nicht leben und erleben können. Dann gibt es Kinder der Liebe, denen ihr einfach nur das Allerbeste für diese Schulzeit wünscht. Das sind immer die Vermittler zwischen den anderen. Sie haben keine Schwierigkeiten, sondern schwimmen mit und bringen Liebe und Sorglosigkeit in die Gruppe ein.

Die Kinder, die in einer Gruppe rebellieren, tun das, weil sie nichts vorfinden von dem, was sie an Erwartungen mitbringen. Rebellierende Kinder können sich in ihrem Selbst unverstanden fühlen, in dem Wissen, das sie mitbringen. Aber sie können auch rebellieren aus Wut oder Groll, dass sich das Gefühl aus ihrer Seele nicht entfalten darf.

Ein Kind, das zur Schule geht, ist zunächst offen für die ganze Welt und offen in seiner Neugier auf das, was auf es zukommt. Diese Offenheit bleibt auch und fördert die Entwicklung, so lange die Eltern das Kind nicht festhalten und ihm verbieten, in die Welt hinauszugehen.

Ein Kind wird in der Außenwelt, in der Entfaltung immer nur damit konfrontiert, was die Eltern sich von ihm wünschen und ihm abverlangen. In dieser Welt vertraut es voll und ganz auf die Eltern, das hat immer erste Priorität. Die Eltern wählen für das Kind, was für es wichtig sein soll, und das Kind empfindet es und hinterfragt, was es nun zu tun hat. Ein Kind im unmündigen Alter erfüllt in diesen Jahren die Bedürfnisse der Eltern. Zugleich entsteht im Inneren des Kindes aber der Wunsch nach Eigenständigkeit und Selbstentfaltung. Es möchte diese Bedürfnisse ebenso wahrnehmen. Doch die Liebe zu den Eltern und zu dem Gewählten steht an erster Stelle.

Ein Kind liebt die Eltern wie sich selbst. Es entspringt dem Vertrauen, das es mitgebracht hat, sich bei ihnen geborgen zu fühlen und einen Halt in dieser Welt zu haben.

Ein Kind ist nicht einfach nur ein Kind. Es braucht und wählt sich im Inneren die Basis des Daseins so, wie Eltern sich in ihrem Inneren ein Kind wünschen, was ihrer eigenen Selbstaufgabe entspricht, für dieses Kind dazusein und es zu lieben, ohne dass diese Liebe je endet.

Das größte Geschenk, das ihr euren Kindern mitgeben könnt, wenn ihr sie einschult, ist, dass ihr damit keine Erwartungen verbindet. Lasst sie wissen und fühlen, dass wirklich etwas Hochinteressantes auf sie zukommt, das ihren Entde-ckungsdrang erfüllen wird. Die Schule sollte nicht als etwas Be-drohliches dargestellt werden.

In der Vorgruppe wurde noch gespielt, und in der Schule hört das auf, so handhabt ihr das üblicherweise. Doch dieses Spielerische sollte bei den Kindern nie verlorengehen oder ver-gessen werden. Sobald der Druck auf das „Erfüllen-Müssen" gerichtet wird, nimmt es den Kindern die Freude, Neues zu ent-decken. Ich werde noch näher auf den Druck des Erfüllens, des Schulsystems und der Lehrer eingehen.

Es gibt bereits Kinder, die entdecken wollen und das mit Leichtigkeit, Freude und einer ungebändigten Neugier ange-hen. Doch sind es noch wenige. Und ich muss es bewusst sa-gen: Es gibt wirklich Kinder mit dieser ungebändigten Neugier, denen das System keine Mühe macht und die sich voll dort hi-neinstürzen.

Aber es gibt auch Kinder, die eine umfassendere Liebe in sich spüren und für die diese Liebe erstmalig eine bedeutungs-volle Rolle spielt. Sie wollen Liebe an der Neuentdeckung und Interesse an allen Erfahrungen spüren, die das Leben bietet. Die anderen Kinder, die mit Leichtigkeit darüber hinweggehen, sind sich dessen bereits bewusst und sicher.

In der Mehrheit macht ihr Eltern euch zuerst noch Sorgen, wie sich das Kind in der Schule und in der Klasse einfindet und wie es bei den anderen ankommt. Dieses Gefühl ändert sich, sobald die ersten Tage vorüber sind. Ihr habt euch daran gewöhnt, dass euer Liebstes eine gewisse Zeit des Tages in Obhut gegeben wird und dort lernt, wie es um die Dinge des Lebens steht und welche Anforderungen das Leben stellt.

Nun kommen die Kinder von der Schule nach Hause und erzählen, wie es sich angefühlt hat und was sie alles erlebt haben. Sie erzählen zuerst auch die Dinge, durch die sie aufgefordert werden, sich in die Gemeinschaft einzugliedern. Aus diesem Geborgen-Sein des Zuhauses entsteht nun mehr und mehr eine Entfremdung. Einerseits ist es sehr interessant, und die Eindrücke der Lehrern und Lehrerinnen regen zu neuen Impulsen an. Doch andererseits fühlt sich jetzt das Kind allein bei der Frage: Wie gehe ich mit diesen Impulsen um? Mit dem, was ich Neues höre und wahrnehme? Und was bedeutet es für mich?

Die Kinder bringen diese Themen mit nach Hause und erzählen euch davon. In diese Themen bringt ihr dann euer Muster, die für die Kinder jedoch nicht wichtig sind. Sie haben nur die Frage: Da ist etwas Neues, es ist interessant, was mache ich damit? Und ihr Eltern versucht dann, den Kindern sämtliche Erklärungen zu geben, wie sie damit umzugehen haben.

Ein Kind lässt das auf einer ganz leichten Ebene geschehen, und morgen ist es weg. Die Eltern aber sind so mit dem Kind in Herzensliebe und Sorge verbunden, dass sie kein Tagesgeschehen dahinter sehen, sondern eine Ohnmacht – wie fühlt sich mein Kind, was geht da vor, wie kann ich mein Kind schützen?

Ein Schutz für ein Kind ist nicht nötig. Ein Kind trägt alles in sich an Schutz, was es braucht, weil es sich selbst ganz und gar in das Neue einbringt. Es braucht nur ein „Aha" der neuen Situation gegenüber, ein „Aha" des Erkennens, wie die Dinge sich zeigen. Es mag nun darum gehen zu lernen, wie die Dinge sich in der Materie darstellen. Und es geht um das Erkennen der Mitmenschen, die anders sind. Und dann kommt noch das Einfügen in die Gruppe. Ich bin jetzt hier und nicht allein, und oh, wo sind meine Eltern, die mir so vieles gezeigt haben? Das steht bei dem Kind immer noch an erster Stelle, hat es geprägt, und mit dieser Prägung nimmt es das neue Umfeld wahr.

Ein Kind hat immer „Aha"-Erlebnisse, und diese fühlt es durch die Vorgabe der elterlichen Prägung.

Ich möchte niemanden zunahetreten, doch sind es diese Dinge, um die es wirklich geht.

Und ich spreche jetzt zu jedem eurer Herzen in allergrößter Liebe, damit ihr erkennen möget, was die Realität eures Seins ist und euer Sein sein möchte. Erkennt, was sich hier wirklich darstellt und was das innerste Bedürfnis eurer Seele ist.

Seht eure innersten Bedürfnisse. Wenn ihr sie euch wirklich anschaut und wahrnehmt, werdet ihr fühlen, wie diese Worte in eurem Inneren die Antwort finden und euch in dem beruhigen und bestärken, was ihr euren Kindern mitgeben möchtet.

Lehrer sein

Die Kinder in der Schule bringen große Neugier mit, etwas Neues zu entdecken. Dieser Entdeckungsdrang macht sie sehr offen und aufmerksam für das, was ihnen vermittelt wird. Grundsätzlich sind sie offen und möchten ihren Horizont erweitern. Sie erfreuen sich auch daran, wie sie Buchstaben in eine Sprache fassen können. Diese Zeit ist eher noch spielerisch und freudig. Doch wenn es später darum geht, eine Prüfung dafür abzulegen, geht das Spielerische verloren.

Es gibt so viele wunderschöne Schulen und Orte, in denen in den ersten Schuljahren keine Prüfungen mehr abgelegt und die Kinder nicht mehr eingestuft werden. Im Schulsystem hat es schon immer große Fortschritte gegeben, bei denen Dinge beachtet und die Schüler in ihrer Neugier unterstützt werden.

Genau diese Unterstützung ist es, die die Kinder wünschen und brauchen, um ihr eigenes Potenzial entfalten zu können. Für sie ist es von großer Bedeutung, ihr Interesse auszuleben und voller Kraft die Energie dort hineinzugeben, ohne durch Standpunkte und Dinge, für die sie sich nicht interessieren, daran gehindert zu werden. Sie möchten nicht in Bewertungen hineingezogen werden.

Sie benötigen ein Grundwissen, das sicherlich für alle Erdenbewohner förderlich ist. Doch dieses Grundwissen hat nicht Priorität. Priorität hat die eigene Gabe, das Interesse des einzelnen Kindes.

Es ist schwierig für euch Lehrer, jeden Schüler in einer großen Klasse sein eigenes Potenzial entfalten zu lassen und ihn unmittelbar dabei zu unterstützen. Doch hat jeder Lehrer das Gefühl und das Herz, das Kind so wahrzunehmen, wie es ist. Dafür braucht ihr keine Montessori-Schulen und keine

Privatschulen, weil jeder Lehrer das innerhalb des normalen Schulsystems in seiner Klasse selbst erreichen kann.

Lehrer halten sich an Normen und Regeln, die vorgegeben sind. Doch wisst ihr, liebe Lehrer, dass ihr noch etwas dazu beitragen könnt, dass nicht nur diese Normen und Regeln zählen? Ihr versteckt euch hinter dem Schulsystem und den Regeln, die euch in die Pflicht nehmen. Aber genau über diese Regeln könnt ihr selbst entscheiden. Jeder Lehrer hat seine eigene Kompetenz, seine eigenen Wertvorstellungen und seinen eigenen Respekt sich und den Schülern gegenüber. Ihr könnt euch entweder unterordnen oder den Wert der eigenen Arbeit wahrnehmen, annehmen und einbringen.

Dies klingt für euch fremd und nicht durchführbar. Doch wenn ihr euch in die Stille zurückzieht und es überdenkt, seht ihr eure eigene Macht, und nicht eure Ohnmacht durch das Vorgeschriebene, das Vorgesetzte. Ihr erkennt, welche Macht ihr wirklich habt und ob euer Vertrauen groß genug ist, euch selbst in den Unterricht einzubringen. Habt das Vertrauen, die Kinder, die euch anvertraut werden, nicht als Maschinen zu sehen, sondern sie als Ganzes wahrzunehmen und sie in ihren Fähigkeiten zu unterstützen.

Habt ihr schon einmal überdacht, dass ihr nicht nur Lehrer seid und so viele wunderbare Kinder anvertraut bekommt? Eure Aufgabe ist es, nicht nur ein Lernprogramm weiterzugeben, sondern auch das Vertrauen der Eltern wahrzunehmen.

Ihr denkt jetzt, ihr könnt das nicht für jedes einzelne Kind wahrnehmen und euch damit auseinandersetzen, weil ihr euch viel zu sehr an die Gesetze und Vorschriften halten müsst. Doch wenn ihr eure Liebe und euer Herz für die Kinder in eurer Schule mit einbezieht und die Freude darin zum Ausdruck bringt, werdet ihr mit geringem Einsatz viel mehr erreichen als mit Vorschriften. Ihr müsst euch zwar an die Rahmenvorschriften, die vorgegeben sind, halten, aber diese verlieren an Bedeutung, wenn ihr Vertrauen in eure wunderbare Arbeit habt, in eure Berufung, in euer Leben, das sich erfahren will, indem ihr diese Kinder begleitet.

Lehrer zu sein gehört zu den schönsten, aber auch zu den verantwortungsvollsten Aufgaben, die es auf der Erde gibt. Wenn diese Freude nicht da ist und diese Worte dich nicht ansprechen, überlege dir ganz klar, was du lieber machen möchtest. Dann gibt es bestimmt noch ein Gebiet in deinem Leben, das du entdecken möchtest und das dich mehr erfüllt, als Kinder zu begleiten. Habe den Mut, dann auch dazu zu stehen, für dich und für deine Liebe.

Meine lieben Lehrer, die ihr jetzt dasitzt und diese Zeilen lest, ihr habt jetzt die Vorgeschichte zum Thema Authentisch-Sein und der Aufgabe, die ihr euch gewählt habt, in euch aufgenommen.

Euer äußeres Umfeld gibt euch gewisse Normen und Strukturen vor, die ihr zu erfüllen habt und die ich sehr gut erkenne. Diese sind auf den normalen Strukturen des menschlichen Daseins aufgebaut. Ihr seid in einem Zwang und unter enormem Druck, die Erwartungen der Hierarchie, die euch in eurem Beruf vorgesetzt werden, zu erfüllen. Doch diese erfüllt euch nicht mehr, weil euer Inneres bereits Bäume ausreißt und sich diesem nicht mehr ein- und unterordnen möchte.

Ihr seid solch einem Druck ausgesetzt, all die aufgesetzten Parolen und Erwartungen in die Schule einfließen lassen zu müssen und sie zu erfüllen. Bei euch wird vorausgesetzt, dass ihr diesen Erwartungen, die euch das jetzige Schulsystem auferlegt, gerecht werdet. Doch die Anordnungen, euch unterzuordnen, sind Zeichen für Veränderung. Die Schulgesetzgebung unterliegt einem großen Wandel, und die zuständigen Beamten sind machtlos gegenüber dem, was geschieht. Sie versuchen, durch Normen und Strukturen ein neues Sicherheitsbedürfnis und eine neue Regel zu erschaffen, um das ganze Gefüge wieder unter einen Hut zu bringen, und ihr scheint euch unterordnen zu müssen.

Doch dein inneres Selbst spricht jetzt zu dir. Es kann gar nicht mehr Ja dazu sagen. Und du fragst dich: Habe ich den richtigen Beruf gewählt? Deine Berufung war ja zuvor etwas anderes, nämlich den Kindern etwas Wunderschönes zu offenbaren, und das in spielerischer Leichtigkeit. Und diese spielerische Leichtigkeit ist durch eure Gesetzesstrukturen abhanden gekommen.

Euer Selbst möchte diese Berufung noch leben und einbringen. Das kann es aber nicht mehr, weil ihr euch der Ohnmacht des Gremiums, das auch nicht mehr weiter weiß, unterordnen müsst.

Was hilft euch hier weiter? Lenkt die Aufmerksamkeit auf euer Selbst, auf eure Intention, auf euren Wunsch, den ihr hattet. Erinnert euch wieder daran, dass ihr diesen Beruf gewählt habt, um darin mit all eurer Liebe aufzugehen.

Ich weiss, ihr denkt, es geht jetzt einen weiteren Schritt zurück. Aber es ist kein Zurück, weil euer innerster Wunsch, als ihr damals diesen Beruf gewählt habt, ein ganz anderer war, als es euch heute das Außen präsentiert. Werdet euch dessen und der Ohnmacht eurer obersten Gremien bewusst. Dort weiß auch niemand mehr weiter. Sie sollen Entscheidungen treffen, können es aber nicht mehr. Und daran scheitert das Ganze. Und ihr seid diesen interessierten Kindern, die das alles durchschauen und nicht mehr mitmachen wollen, ohnmächtig ausgeliefert. Ihr wollt das doch auch nicht mehr mitmachen. Die Kinder spiegeln euch nur: „Ich hab genug!"

Ihr habt voller Freude einen Beruf gewählt, der so schön und bereichernd ist, doch die äußeren Strukturen und die Anforderungen haben eure Freude geschmälert. Erinnert euch wieder an die Freude, die ihr damals hattet, als ihr diesen Beruf gewählt habt. Begebt euch noch einmal in dieses Gefühl. Ich sage selten, geht noch einmal ins Alte hinein. Aber dieses Alte ist die Essenz und ein Herzenswunsch.

Diesen Herzenswunsch könnt ihr euch, ob ihr es glaubt oder nicht, wieder erfüllen. Die oberen Gremien und Direktoren geben zwar die Anweisungen, aber sie sind auf euch angewiesen und hören eure Worte. Habt den Mut, eure Worte auszusprechen und euren Unterricht so zu gestalten, wie ihr es euch damals vorgestellt hattet, und es gibt den schönsten Unterricht, pflegeleichte Kinder und Erfüllung für alle Beteiligten – besser, als ihr das euch jetzt vorstellen könnt.

Es gibt keinen Schritt zurück, aber dieses Mal sage ich: Geht diesen Schritt zurück in eure Berufung, zu eurem Wunsch, den ihr damals hattet.

Wenn ihr jetzt sagt, euer Wunsch ist nicht genehm und in den heutigen Strukturen nicht nachvollziehbar, irrt ihr. Ihr habt euch nur einem System angepasst. Und ich komme jetzt wieder zum Anfang des Buches zurück, als ich sagte: Lebt euren Beruf und bringt euch ein. Es gibt doch unter euch bereits Lehrer mit neuem Bewusstsein. Schaut sie euch an anstatt sie abzulehnen.

Natürlich gibt es noch viele Lehrer, die noch vom Althergebrachten geprägt sind und dieses Neue nicht nachvollziehen können und möchten, weil sie gerne am Alten festhalten. Aber diese Menschen sind gebunden und werden wie in einem Gefängnis gefangen sein, weil die Neuen Kinder ihre Macht als

Lehrer nicht mehr akzeptieren. Es gibt die alte Macht als Lehrer nicht mehr, es gibt eine neue Macht. Macht ist nicht schlecht, Macht ist notwendig. Macht ist Bewusstsein. Es ist auch das Wissen, damit umzugehen und es einzubringen.

(Anmerkung: Seth bringt jetzt einen Hinweis aus dem Feng-Shui-Wissen ein, zur Verwunderung von Bettina:)

Nicht umsonst haben viele Lehrer den Eingang zu ihren Häusern und Wohnungen im Bereich „Lernen und Wissen". Das drückt auch ihre Macht und Ohnmacht aus: Wie gehe ich mit meinem Wissen um? Wie mache ich die Erfahrung damit, und wie setze ich es um? Ja, schaut euch einmal euer Zuhause an. Es ist nicht bei jedem so, aber ihr erkennt euch dennoch dadurch. Ihr könntet erkennen, ob ihr euch in eurem Beruf, in eurer Berufung, wohlfühlt, oder ob euer Beruf/eure Berufung sich lieber in etwas anderem ausdrücken möchte. Wenn der Eingang nicht in diesem Bereich liegt, würdet ihr beruflich lieber etwas anderes umsetzen wollen.

Es gibt viele Lehrer, die eigentlich nicht Lehrer sein möchten. Wenn du diese Bereitschaft nicht in dir fühlst, die Kinder wahrzunehmen, aufzunehmen und abzuholen, sondern die Bereitschaft hast, dich Normen und Regeln zu unterwerfen, bist du am falschen Platz. Für dich gibt es sicher andere Möglichkeiten, die in dir stecken und ebenso dem Wohl der neuen Generation dienen können.

Ihr habt euch gewünscht und gewählt, Lehrer zu sein. Warum? Ihr möchtet etwas lehren, vermitteln. Was wollt ihr eigentlich vermitteln? Seid ihr mit euch im Klaren, was ihr vermitteln wollt? Wollt ihr Macht vermitteln, Strukturen – ich bin der Herrscher, und ich möchte etwas vermitteln? Oder seid ihr wirklich diese Vermittler, diese Lehrer, die den Menschen respektieren, wahrnehmen und ihm weiterhelfen? Pardon, das war jetzt deftig. Aber wenn ich einige von euch damit wachrütteln kann, ist es dienlich.

Es gibt Lehrer, die Macht ausüben und sich beweisen wollen, die etwas zu sagen haben möchten, weil sie ihr ganzes bisheriges Leben nichts zu sagen hatten.

Und es gibt Lehrer, die wirklich so tief in den Gefühlen sind, herzlich und wundervoll, die ihre Erkenntnisse weitervermitteln möchten. Und jetzt überlegt einmal, wie sich dieses in eurer Welt leben lässt, ja, leben lässt.

So wie ich das sehe, möchten zwei Drittel der Lehrer ihre Weisheiten weitergeben und die Kinder, die so offen sind, daran teilhaben lassen. Das ist ein wunderbarer Ansatz, um Wissen zu vermitteln. Wenn es jedoch vom Kopf her kommt und nur darum geht, ein rationales Wissen weiterzugeben, dann werdet ihr straucheln, so, wie viele Kinder an den Noten straucheln. Diese Art Wissensvermittlung führt dann in der Tat zu einer für die Kinder enttäuschenden Benotung.

Wenn ihr aber Lebensweisheiten und Wissen weitergeben möchtet, die nicht nur rational sind, obwohl das heutzutage ebenso gebraucht wird, und ihr dabei die Gefühlsseite und das Herz mit einfließen lasst, wird es bei den Kindern etwas Großes bewirken. Eure Vorstellung vom Lehrer-Sein wird dann erfüllt werden.

Die Wunschvorstellung eines Lehrers kann dogmatisch sein: Ich bin Lehrer. Aber die Wunschvorstellung beinhaltet auch, das Ganze wahrzunehmen. Entscheidet euch für eins.

Die meisten, zwei Drittel von euch, haben sich entschieden, das Beste zu geben. Aber was ist das Beste? Seid aufmerksam den Schülern gegenüber, aufmerksam für das, was sich da bewegt. Haltet nicht stur an eurem Programm fest, sondern erfüllt euch auch den Wunsch eurer Seele, was ihr in eurer Berufung als Lehrer erfahren möchtet. Ihr werdet diese Berufung nur durch das Feedback der Kinder erlangen, die mit Freude zur Schule kommen.

Wenn du ein Lehrer bist, der sich an alten Normen festhält, wirst du dich selbst festhalten und diesen Erfolg, den du dir so wünschst, nicht erfahren. Du wirst immer nur deine Macht, Lehrer zu sein, erfahren. Wenn du einer dieser Lehrer bist, die nur Lehrer sein wollen, um etwas zu beweisen und ihre Macht auszuspielen, wirst du jetzt kein Feedback und keine Erfüllung mehr bekommen. Es wird nichts mehr für dich bringen. Dir werden keine Gefühle und keine Liebe als Lehrer mehr entgegengebracht.

Die Lehrer, die sich um die Kinder kümmern anstatt um Gesetze, die aus einer Ohnmacht heraus gemacht wurden, und ihr Gefühl als Lehrer einbringen, werden Erfolg erzielen.

Ihr denkt jetzt, das geht nicht wegen der vielen Normen. Doch versteht bitte, dass ihr diesen Gesetzen und diesem Gefüge ein neues Gesicht, einen neuen Anhaltspunkt, einen Neuanfang gebt. Und die Neuen Kinder, die jetzt da sind und das Alte nicht mehr in sich aufnehmen, werden euch bereichern. Ihr dürft auf euch vertrauen, dass, wenn ihr Ja dazu sagt, die Kinder auch Ja dazu sagen.

Im nächsten Kapitel sprechen wir darüber, wie es den Kindern dabei geht. Aber jetzt geht es um euch Lehrer und das Verständnis für euch. Wenn ihr euch öffnet, die Kinder anzuschauen, wahrzunehmen und eure Erfahrung einzubringen, dann kommt alles zu einem guten Gelingen. Aber haltet euch nicht in Begrenztheit auf, an unnötigen Dingen. Die Kinder sind unbegrenzter als noch vor zwanzig Jahren. Sie besitzen andere Möglichkeiten. Schaut euch das an. Und ihr seid auch keine Lehrer mehr wie vor zwanzig Jahren, ihr habt auch andere Möglichkeiten. Aber setzt euer Wissen nicht mit Macht ein, mit Dressur, mit Unterwürfigkeit, sondern mit Respekt zur jeweiligen Seele. Es ist schwierig für euch, wenn ihr zwanzig, vierundzwanzig Seelen vor euch habt, dieses einzubringen. Aber ihr werdet es können. Was sind zwanzig, vierundzwanzig Seelen für diese Erfülltheit? Nichts!

Wenn ihr bereit seid, den Kinder zu dienen, wird es Menschen geben, die dasselbe fühlen und euch unterstützen. Sie haben sich das bisher nur noch nicht getraut.

Wenn ihr euch mit euren neuen Ideen einbringt und sie in euren wöchentlichen Konferenzen darstellt, freundlich und liebevoll, auf Erkenntnissen basierend und mit Herzensintention, werden sich andere Lehrer auch angesprochen fühlen und mitziehen. Ihr werdet nicht mehr alleine dastehen, sondern es werden aus diesen Erkenntnissen neue Möglichkeiten entstehen.

Liebe Lehrer, ich spreche euch mit großem Verständnis und Liebe an. Es ist wirklich nicht ganz einfach, all die Kinder verschiedener Völkergruppen in einer Klasse zu unterrichten. Wenn ihr es schafft, jedes Kind anzuschauen, woher es kommt und es dort abzuholen, habt ihr Frieden in der Schule und in der Gruppe. Ich weiß, ihr sagt, es sei unmöglich, weil ihr Unterrichtsmaterial vermitteln müsst, das dem Staat dient. Wenn ihr es aber schafft, das Verständnis für die verschiedenen Familien und Völkergruppen aufzubringen und es mit einzubeziehen, werdet ihr keine Problem mit Schichten und Unterschieden haben. Es regelt sich dann von selbst. Ihr müsst das nicht mit der Absicht angehen, alle Kinder auf einen Nenner zu bringen. Habt nur die Absicht, das einzelne Kind dort abzuholen, wo es sich befindet, und bringt es auf seinen besten Nenner. Es geht nicht darum, jedes Kind in seine Gruppe hineinzubringen, sondern darum, jedem Kind das zu geben, was es fördert.

Natürlich hat jeder Lehrer den Anspruch, möglichst viele Kinder in die nächste Klasse zu bringen. Ein Kind kann nur befördert und gefördert werden, wenn es erkannt wird und ihm der Ort gezeigt wird, der letztendlich förderlich ist.

Schaut, ihr habt so vieles in euch, was ihr den Kindern fürs Leben mitgeben möchtet, was auch wichtig und notwendig ist. Aber habt ihr euch schon einmal Gedanken darüber gemacht, dass Kinder auch sehr viele Werte mitbringen, die ihr noch nicht kennt? Dass sie euch aufmerksam machen auf Dinge, die ihr vergessen habt, die auch wunderschön und lebenswert sind?

Ich weiß, ihr denkt schon wieder, ihr könnt das nicht, weil ihr eure Pflichten und Normen erfüllen müsst. Doch wenn ihr in euer eigenes Kind-Sein geht, fühlt ihr wieder die Essenz der wirklichen Freude und Aufgabe, die Kinder zu begleiten und ihnen als Lehrer das Notwendige zu vermitteln. Ich möchte aber nicht außer Acht lassen, dass Kinder, wenn ihr aufmerksam seid, auch euch etwas vermitteln. Sie vermitteln euch etwas Neues, was ihr als Lehrer noch nicht kennt. Nicht alle Kinder tun das, aber es gibt einige davon. Schaut sie euch an.

Wenn ihr wirklich wieder Erfüllung in eurem Beruf erleben möchtet, dann seid wieder wie damals, als ihr diesen Beruf gewählt habt, ohne Ballast des Unmöglichen, denn alles ist möglich. Und jeder Mensch zählt.

Und so zählst auch DU als Lehrer: mit deinen Worten, mit deinen Ideen, die du nicht aussprichst. Wähle jetzt für dich, ob du Lehrer sein möchtest oder nicht.

Liebe Lehrer, ihr könnt schlussendlich nicht darauf warten, dass der Staat von sich aus mit angemessenen Änderungen die notwendigen Anpassungen an ein sich ständig erweiterndes Bewusstsein vornimmt. Er kann es nur, wenn ihr mit dem Wandel beginnt. Macht es spielerisch. Die Kinder werden es euch von Herzen danken.

Und spürt, was ich jetzt mehrmals wiederhole und in verschiedenen Sichtweisen immer wieder aufgegriffen habe: eure wahre Bedeutung für eine ganze Gesellschaft.

Jugendliche und Pubertät

Viele Jugendliche werden von der Gesellschaft verurteilt, weil sie sich nicht deren Vorstellungen anpassen. Ist es nicht die Folge dessen, dass sie als Kinder nicht respektiert, sondern auf irgendetwas getrimmt worden sind? Getrimmt auf etwas, was sich „gehört"?

Ich möchte das aber nicht alles schlecht machen, denn Kinder brauchen ein gewisses Grundwissen, eine gewisse Basis.

Wenn Jugendliche rebellieren, dann aus dem Grund, weil sie in ihrer Kindheit nicht wahrgenommen worden sind. Jetzt kommt die Auswirkung, und, liebe Lehrer, ihr hört das nicht sehr gerne, aber es kommt auch eure Auswirkung auf die Kinder. Rebellierende Jugendliche haben meistens keinen verständnisvollen Lehrer gefunden, sondern eher einen Lehrer, der mehr auf Doktrinen bestanden hat. So wurde das innere Potenzial der Kinder nicht wahrgenommen und gefördert. Jahrelang mussten sie sich dem unterordnen, was sich gehört, wie man sich zu benehmen hat und wie es auf der Erde funktioniert.

Es war gut gemeint, liebe Lehrer, ich spreche euch immer noch an. Ihr habt eure euch auferlegten Programme erfüllt, diese aber haben die Gefühle nicht mitspielen lassen. Es wurde kein Spielraum für Spiele gelassen. Jetzt sind diese Kinder in der Pubertät und wollen spielen. Jetzt wollen sie auskosten, wo sie bisher begrenzt und eingegrenzt worden sind. Ihr schiebt gerne diese „Fehler" auf Familienverhältnisse, die sicherlich auch eine gewisse Bedeutung haben. Und ihr schiebt es auf das Kind ab, dass es nichts wert ist. Doch seht ihr nicht den Revolutionär in dem Kind, dessen Gefühle einfach nicht wahrgenommen worden sind?

Die Kinder haben sich einem Schema angepasst, bestehend aus Normen und Sitte, auf das ihr beharrt und bestanden habt. Wundert ihr euch überhaupt nicht, dass die Kinder irgendwann einmal ausbrechen und sich fühlen wollen, sehen wollen, was möglich ist?

Ich komme jetzt mit einem gegenwärtigen, althergebrachten Beispiel von euch Menschen: Dampfdruckkochtopfpolitik. Die Kinder machen alles mit und ordnen sich ein, weil sie Angst haben, sie selbst zu sein und sich mitzuteilen. Der Mund wurde ihnen vollgestopft. Das ist Dampfdruckkochtopfpolitik, was sich dann zwischen dreizehn und achtzehn Jahren entfalten will. Und ihr wisst selbst, dieser Dampfdruckkochtopf explodiert irgendwann einmal. Kommt euch das bekannt vor aus den 60-zigern?

Ihr verurteilt dann diese jungen Menschen, wenn sie explodieren, revolutionär sind und ausbrechen. Doch wisst ihr, wie lange die Kinder es ausgehalten haben, sich einem Schema anzupassen, das ihnen nicht gefällt? Wie schon gesagt, es gilt nicht für alle, aber für viele.

Die Erde ist Polarität. Es gibt ein Verstandesbewusstsein, und es gibt ein Gefühlsbewusstsein. Und ihr Lehrer habt es momentan sehr schwer, beide auf einen Nenner zu bringen. Das Verstandesbewusstsein ist euch bekömmlicher, ihr könnt euch darin frei und sorglos bewegen. Doch diese Kinder, deren Gefühle unterdrückt worden sind, und das möchte ich betonen, die sich in ihrer Seele dazu bereiterklärt haben, sich einzufügen und das mitzumachen, obwohl es nicht ihr innigster Wunsch war, diese Kinder kommen nun und rebellieren.

Die Kinder brauchen die Schule und das Grundwissen. Aber sie brauchen keine Verurteilungen, Bewertungen durch die Menschen, so, wie es im vorhandenen Schulsystem noch durchgeführt wird. Wir haben über die Noten gesprochen. Da besteht eine Verbindung, aber es geht noch weiter. Wenn die geforderten Noten nicht erbracht sind, dann ist dieser junge Mensch, der so wundervolle Ideen und Phantasien hat, fast wie begraben. Er ist im Grunde tot.

Seht ihr die Verantwortung, die ihr tragt? Seht sie jetzt einmal in ihrer ganzen Tragweite. Ihr habt nicht nur Verantwortung, Wissen weiterzuvermitteln, sondern ihr habt die Verantwortung, einen Menschen wirklich wahrzunehmen und ihn in seinem Sein zu begleiten. Hört einmal auf, die Verantwortung zu sehr an die Eltern abzuschieben. Die Kinder sind einen großen Teil des Tages in eurer Verantwortung, und ihr wollt es immer noch schmälern und diese Verantwortung abgeben. Obwohl ihr gewählt habt, Lehrer zu sein, schiebt ihr es wieder von euch.

Ich liebe euch Lehrer! Ihr wollt ja nur das Beste. Dennoch muss ich diesen Appell so deutlich an euch, zumindest an die richten, die sich nicht mehr an ihre ursprüngliche Idee vom Lehrer-Sein erinnern.

Die Kinder kommen jetzt in die Pubertät. Was ist Pubertät? Habt ihr euch darüber einmal tiefere Gedanken gemacht? Ihr seht hier den Umbruch vom Kind zum Erwachsen-Werden.

Pubertät ist wie eine Puppe. Erinnert euch an euren Unterricht, wie sich aus einer Raupe ein Schmetterling entpuppt. Welcher Schmetterling kommt da hervor? Es ist euer Werk, was ihr da erschaffen habt. Nicht euer Werk allein, sicher stehen auch die Eltern und das ganze Umfeld dahinter. Aber ihr tragt mit dazu bei, und ihr könnt es nicht mehr von euch schieben. Und ihr verkörpert somit auch diese Puppe, die sie zum Schmetterling heranreift.

Welcher Schmetterling entsteht aus dem Wissen, das ihr mitgegeben habt? Eine Erfüllung, ein Selbstverständnis, ein Selbstwertgefühl oder ein Revoluzzer, der sich gegen alles wehrt?

Was hat das Kind in der Zeit vor der Verpuppung vorgefunden, was nimmt es mit, wozu entpuppt es sich jetzt, und welcher Schmetterling entsteht daraus? Wie habt ihr diese Raupe begleitet und euer Selbst in den Unterricht eingegeben? Die Verpuppung verarbeitet das, was ihr und die Eltern hineingegeben habt. Ja, es sind beide Anteile darin enthalten, aber eben beide, nicht nur die elterlichen. Welcher Schmetterling entschlüpft? Seht doch einmal die wunderbaren Schmetterlinge, die ihr individuell sich entfalten lassen könnt.

Die jugendlichen Rebellen, aber auch die Jugendlichen, die sich glücklich fühlen, sind ein Anteil von euch Lehrern. Seht hier noch einmal eure Verantwortung, die Verantwortung, einen Tagfalter oder einen Nachtfalter zu kreieren

Ich weiss, liebe Lehrerinnen und Lehrer, ich bin jetzt nicht gerade sanft mit euch umgegangen, obwohl ich euch sehr liebe und tief in euch hineinfühle. Ihr seid ja auch nur in ein System eingebunden, in dem ihr euch machtlos und wehrlos fühlt. Dieser Machtlosigkeit haben wir uns aber am Anfang verstärkt gewidmet. Ich bin so intensiv auf euch eingegangen, weil viele von euch genau diese Zusammenhänge hinterfragt und um eine Lösung gebeten haben. Ich wünsche euch, dass ihr nun in eure Wahrheit hineingehen könnt.

Nun möchte ich weiter über die Jugendlichen sprechen, die ihr Leben jetzt gestalten möchten und auf Entfaltung drängen. Sie möchten ihre Wünsche und Ideen in die Gesellschaft einbringen, was dort aber keinen Platz mehr hat, weil sie inzwischen zu Revolutionären geworden sind und nun das ganze System infragestellen, sie bejahen es nicht mehr.

Es gibt Jugendliche, die das bisherige System bevorzugen. Diese sind klar vom Verstand, von der Logik, vom Intellekt her geleitet. Sie möchten all ihr Wissen, das sie sich angeeignet haben und das sie auch interessiert hat, nun einbringen: Jetzt komme ich in die Welt hinein, auch in die Arbeitswelt, und kann all mein intellektuelles Wissen dort einbringen. Es ist intellektuelles Wissen, und es ist eine Intention von sehr großer Kraft, die wir nicht schmälern dürfen. Doch bewegt es sich wieder auf das Alte, das Althergebrachte und Vertraute hin. Aber diese Kinder sind so neugierig und in ihrem Wissen, das sie mitbekommen haben, so präsent und möchten dieses Wissen erfahren. Das ist diese Zeit, die intellektuelles Wissen hervorgebracht hat und als Aufforderung verstanden sein sollte, sich mit seinem ganzen Selbst dafür einzusetzen.

Jetzt gibt es noch die anderen Kinder, die im System intellektuell gefordert sind, jedoch mehr in der Gefühlswelt gelebt haben. Sie waren intellektuell nicht so wissensbegierig. Ihre Gefühle haben sich immer wieder im Vordergrund gezeigt und möchten nun weiterhin gelebt und erfahren werden.

Die intellektuellen Kinder mit ihrem großen Interesse sind für das Voranschreiten der Erdevolution, des Neuen, der Veränderungen, die angesagt sind, absolut wertvoll. Sie tragen neue Ideen in sich, auch Ideen des Intellekts.

Nun kommen die anderen Kinder hinzu, die nicht so sehr von dieser Ratio geprägt sind und mehr Gefühle ausstrahlen. Sie möchten das, was sie fühlen und wahrnehmen, mit einbringen. Aber eure Umwelt, euer derzeitiges System, lässt noch immer deutlich stärker den Intellekt zu und nicht die Gefühle. Die Gefühle sind deswegen von vielen Menschen verdrängt worden.

Und für genau diese Kinder ist es nun schwieriger. Doch wenn ihr sie anhört und sie gewähren lasst, präsentieren sie euch die wunderbarsten, neuesten Gesichtspunkte und Ideen, die ihr euch rational kaum vorstellen könnt.

Ich will damit nicht sagen, dass nur eine Seite das Nonplusultra ist, sondern es um eine Zusammenarbeit geht, eine Zusammenarbeit des Wissens – eine Angleichung des angelernten Wissens des Verstandes, das nicht mehr allein die Lösungen hervorbringen kann. Die Antworten geben euch jetzt diese Menschen, die den größeren Überblick haben, weil sie ihrem Gefühl „gehorchen".

Der Umbruch ist da, und es ist der Umbruch der Erde!

Es gibt nichts Wichtigeres und nichts weniger Wichtiges. Ihr Menschen räumt noch dem Verstand und der Wissenschaft mehr Raum ein, also dem intellektuellen Bedürfnis.

Ich möchte euch nun dazu ermuntern, euch dieses Gefühlswissen, das die anderen Menschen mitbringen, anzuschauen und ihm nachzuspüren. Ich möchte euch bitten, in die Gefühle hineinzugehen und sie für euch zu spüren, denn ihr seht, dort geht der Weg weiter. Inneres Wissen, Intuition, kann nicht über den Verstand erfahren werden, sondern nur über Gefühle. Eure nächtlichen Träume sind hier die besten Beispiele. Ihr könnt sie nicht logisch deuten, aber ihr könnt die Wahrheit, die in ihnen steckt, fühlen.

Das sind die Lösungen, auf die ihr so lange gewartet habt und die euch zu neuen Ideen und ihrer Umsetzung beflügeln. Doch kann ich mir nicht verkneifen, euch mitzuteilen, dass es für euch dabei noch immer um Polarität geht, um Wertvorstellungen. Ihr kommt da nur heraus, wenn ihr es nicht mehr differenziert, sondern es zu einem Ganzen macht und beide Anteile in euch integriert. Ihr könnt immer wieder Menschen um euch haben, die euch den einen Anteil zeigen, den ihr scheinbar nicht habt, sei es intellektuelles Wissen oder Gefühlswissen. Jeder, der sich an einem dieser Pole befindet, sucht nach dem anderen Pol. Er ist noch nicht mit sich eins.

Der Zeitpunkt ist gekommen, diese Pole zu vereinen. Deshalb hört euch an, was eure Mitmenschen zu sagen haben. Respektiert jeden einzelnen Gedanken, der mit eingebracht wird, genauso wie jedes Gefühl. Nur jedes Einzelne hiervon bewirkt die Veränderung, die ihr insgesamt wünscht. Bewirkt das, was ihr sein, was ihr leben, was ihr vorfinden möchtet. Und so erlebt ihr auch die Erfüllung, die ihr euch wünscht.

Ihr Menschen möchtet gerne Veränderungen in eurem Leben, weil ihr nicht mehr auf allen Ebenen zufrieden seid. Ihr möchtet Veränderungen und gleichzeitig das Altbewährte.

Die Jugendlichen sind voller Ideendrang, die Welt zu reformieren und Veränderungen herbeizuführen. Das heißt nicht, dass sie dazu auch die perfekten Lösungen haben. Sie brauchen dazu ebenso das alte Grundwissen von euch.

Ihr möchtet eine neue Anpassung innerhalb der Neuen Zeit für das, was jetzt da ist, um eure Unzufriedenheit in Zufriedenheit umzuwandeln. Es geht um Anpassen und Angepasstheit. Ihr möchtet euch nicht mehr den alten Normen und Strukturen anpassen. Ihr möchtet etwas Neues. Um ein Beispiel zu bringen: Ihr möchtet nicht mehr in einer vorgegebenen Organisation, einem alten Klischee stecken, sondern wünscht euch, die neuen Gefühle und Wahrnehmungen in Anbetracht der Unzufriedenheit zum Ausdruck zu bringen.

Aber auf der anderen Seite erwartet ihr von den Jugendlichen, dass sie sich euren Strukturen, eurem Gefüge, eurem altbewährten System anpassen. Ihr wollt ihnen diese Dinge, die ihr für wichtig und erstrebenswert haltet, vermitteln. Doch zweifelt ihr bereits selbst an dem, worin ihr steckt, weil es euch längst nicht mehr erfüllt. Die Jugendlichen aber fühlen eure inneren Zweifel und möchten euch dort heraushelfen. Sie haben so viele Ideen, wie das Neue angegangen werden kann!

Ihr möchtet gerne eine Systemerneuerung, eine Erneuerung des Berufslebens, das viele Lücken und Macken hat. Und dann kommen die jungen Menschen und sprechen euch spontan, konkret und ganz offen darauf an und präsentieren euch neue Möglichkeiten. Diese Möglichkeiten mögen nicht mit eurem System, das ihr bisher gelebt habt, übereinstimmen. Doch andererseits wartet ihr doch auf Veränderungen. Wäre es jetzt nicht stimmig, wenn ihr euch die Ideen der Jugendlichen anhören würdet und darin den neuen Wert fühlen könntet?

Die Jugendlichen dieser Zeit sind noch geprägt von den alten Strukturen und dem Althergebrachten, von dem, was ihnen beigebracht wurde. Sie brechen trotzdem aus, weil sie das Neue, das eure Augen noch nicht wahrnehmen können, irgendwie zur Entfaltung bringen möchten.

Nun stellt ihr fest, dass die Ideen der Jugendlichen teilweise noch nicht den festen Boden, den ihr mitbringt, besitzen. Wenn ihr deswegen ihre Ideen mit eurem Wissen vereint, habt ihr die neue Basis, die ihr euch wünscht.

Bei den meisten Jugendlichen, die die Schule absolviert haben, entsteht jetzt ein Gefühl von Erleichterung, weil der Druck, dem sie sich ausgesetzt gefühlt hatten, wegfällt. Sie sind nun glücklich, in eine berufliche Ausbildung einzusteigen und einen weiteren Weg ihres Lebens einzuschlagen. Aus ihren Wünschen hat sich herauskristallisiert, womit sie sich nun am liebsten beschäftigen möchten. Voller Freude beginnen sie die

Ausbildung und fühlen sich glücklich, endlich etwas zu machen, was nicht mehr nur Standard und Norm ist, sondern worin sie aufgehen können. Sie fühlen sich mit etwas verbunden, was sie wirklich interessiert.

Was könnte für eine Firma schöner sein, als solch einen Menschen in einem Team zu haben, der sich voller Neugier und Tatendrang in das Erwachsenenleben einbringt und dort dabei auch seine eigenen Bedürfnisse leben kann?

Ihr Chefs und Personalberater stellt häufig Menschen ein, die das gewisse Know-how mitbringen und eure Vorstellungen erfüllen. Ihr wählt aus, wer euch am besten entspricht und in eure Firma hineinpasst. Natürlich schwingen hier ebenso eure Wertvorstellungen mit, die auch ihre Berechtigung haben.

An diesem Punkt möchte ich anfügen: Schaut euch nicht nur die Leistungen an, sondern schaut euch einmal das Interesse, die Eingebung des neuen jungen Mitarbeiters an und was er an Selbstverständnis, Selbstentwicklung und Entwicklungen für den Betrieb mit einbringen möchte und kann.

Die Jugendlichen kommen, wenn ihr sie ausgewählt habt, voller Hoffnung in euren Betrieb und freuen sich, das Neue anzugehen. Es gibt gewisse analytische und andere wertvolle Grunderfahrungen, die ihr diesen jungen Menschen mitgeben könnt. Die brauchen sie auch, sie sind notwendig. Doch möchte ich euch sagen: Stellt dieses Wissen nicht als das einzig gültige hin, das als Einziges im Betrieb Bestand hat. Lasst die Offenheit und die Freude, die diese Jugendlichen mitbringen, in die Firma mit einfließen.

Solche Jugendlichen werden fruchtbar für eine Firma sein, euch zu neuen Ideen anregen und euch Altes überdenken lassen, wenn ihr sie fördert und ermutigt, sich einzubringen.

Trotzdem brauchen diese jungen Menschen eure starke Hand, die eben auch weiß, wie die Dinge grundsätzlich funktionieren, und sie brauchen ebenso die sanfte Begleitung, die die neuen Ideen mit offenem Herzen aufnimmt.

Jugendliche in einer Firma, in einem Geschäft, sorgen mit neuen Ideen für enormen Auftrieb, wenn diese nicht im Keim erstickt werden durch das Altgewohnte: „So muss es sein, so funktioniert es!" Funktionalität verändert sich. Funktionalität hat heute ihre Gültigkeit, und im nächsten Jahr gibt es eine neue Funktionalität. Vergesst das bitte nie und seid offen mit euren Ohren, euren Gefühlen und voller Liebe zu denjenigen, die etwas infrage stellen oder Erneuerungen bringen.

Jugendliche haben sehr viel zu lernen, und durch das, was sie von euch annehmen können, wenn sie offen dafür sind, werden sie zu neuen Gedanken und Ideen beflügelt.

Ich möchte euch Arbeitgebern und begleitenden Personen ans Herz legen: Seid offen, hört zu. Tut die Worte, wenn Worte überhaupt ausgesprochen werden dürfen, nicht einfach ab. Es kann für das Ganze nur eine Bereicherung sein. Eure Gefühle und Gedanken möchten eine Erneuerung, eine Weiterentwicklung und neue Impulse kreieren.

Wenn ihr selbst in der Maschinerie an einem Punkt angekommen seid, an dem ihr verhaftet bleibt und nicht mehr weiter kommt und nur noch euren Job macht, dann bringen diese Jugendlichen neuen Schwung, neue Kreativität und neue Ideen. Nehmt nicht für euch an, alles zu wissen, sonst bleibt ihr stehen. Hört auf die neuen Ideen der jungen Menschen und schaut, wie sich diese umsetzen lassen und was letztendlich daraus entstehen kann. Und so gibt es ein gemeinsames, wunderschönes Kreieren und Weiterentwickeln, das nicht auf Macht und Selbstbezogenheit aufgebaut ist.

Meine lieben „Wissenden", ihr habt das Gefühl, aus dem, wie die Vergangenheit war, ableiten zu können, wie die Dinge zusammenhängen und gebt daher auch gerne dieses Wissen weiter. In der Vergangenheit war es ja auch oft von Erfolg gekrönt. Aber nun spürt ihr, dass der Erfolg nicht mehr da ist und eure Zufriedenheit einer Unzufriedenheit weicht. Ihr werdet herausgefordert, Neues, Aktuelles aufzunehmen und umzusetzen. Und das hört nicht mehr auf. Ihr habt Mühe, all das zu integrieren, könnt es immer weniger, wenn ihr an dem Altgewohnten, an dem, was bisher gepasst hat, noch festhaltet.

Die Jugendlichen möchten durch die Aufnahme eures Wissens die Zusammenhänge verstehen. Sie nehmen es gerne von euch an und versuchen, aus diesen wertvollen Geschehnissen der Vergangenheit eine neue Lösung für heute zu finden. Gemeinsam ergibt es die Lösung, die auch ihr in eurem Inneren wünscht. Nehmt diese neuen Perspektiven für euch an und lasst sie zu. Ihr schmälert damit weder euch noch eure vergangenen Erfolge. Und so schmälert ihr auch nicht im Vorfeld bereits die Ideen und Kreativität der jungen Mitarbeiter, die ebenso wie ihr ein Potenzial in sich tragen und ausdrücken möchten.

Es wird interessant für jeden von euch. Und ich möchte jetzt sagen, ohne das Gestern zu bewerten: Es gibt kein „Besser", sondern eine Zusammenarbeit, in der sich jeder einbringt und anschaut, was die anderen einbringen, und daraus etwas Förderliches für die jeweilige Sache wachsen lässt.

Ich möchte keine Lobeshymne auf die Jugendlichen anstimmen, sondern eher einen Dank an die Begleiter aussprechen, weil ihr die Vorbereiter für das Mögliche wart und seid. Der fruchtbare Boden war eure Erfahrung, in die jetzt die neuen Sämlinge gepflanzt werden können. Spürt und fühlt, dass alle Menschen den Wunsch in sich tragen, etwas zu verändern und weiterzuentwickeln. Alle tragen diese Neugier in sich, mehr über ein Thema wissen zu wollen. Tief in euch allen ist diese Bereitschaft da, gemeinsam weiterzukommen.

Wenn du dieses Glücksgefühl, das sich mit der inneren Bereitschaft verbindet, noch in dir fühlst, bist du am richtigen Platz. Wenn du dich aber bereits von deiner Berufsthematik innerhalb deiner Tätigkeit verabschiedet hast, dann überlege dir, dir etwas zu gönnen, was dir wirklich Freude macht, etwas, das du jetzt lieber machen würdest.

Die Zeiten sind vorbei, in denen die Jugendlichen irgendeine Lehre oder Arbeit annehmen, nur um eine Beschäftigung zu haben. Sie nehmen ein Thema auf, in dem ihre Interessen und Begabungen stecken. Und sie brauchen Menschen um sich herum, die ebenso dieses Interesse haben und neugierig auf Neues sind.

Wenn du ein Mensch bist, der sich dabei nicht mehr wohlfühlt, sich mit den Jugendlichen nicht mehr auseinandersetzen möchte und auch dein Beruf nur noch aus Pflicht und Notwendigkeit des Geldverdienens und Versorgt-Seins besteht, dann ist für dich der richtige Zeitpunkt gekommen, dich zu fragen: Was würde mir Spaß, was würde mir Freude machen, was möchte ich tun?

Dann wirst du die neue Thematik und Herausforderung, die dich wirklich beglückt, finden und diesen Übergang in deine weitere oder eigentliche Berufung umsetzen können. Es wird dir alles zugeführt und geschenkt. Es braucht nur deine Entscheidung: Sage ich von Herzen Ja zu dem, worin ich noch stecke, oder tue ich es nur noch aus Sicherheits- und Bequemlichkeitsgefühlen und Angst vor dem Neuen?

Definiere dein Neues, das, was du wirklich möchtest. Dann wird es eine Übergangszeit für dich geben, bis du eine klare Entscheidung triffst und dadurch deine Berufung und dein Glück finden wirst, so, wie es die Jugendlichen tun, wenn sie einen Beruf wählen.

LIEBESKRAFT hat mit deiner Liebe zu dir und deinem Inneren zu tun, aber auch mit der Liebe zu dem, was du tust: LIEBESKRAFT!

Zu guter Letzt möchte ich noch einmal zu denjenigen von euch sprechen, die für einen ganzen Betrieb verantwortlich sind:
Lasst uns dies von eurer höheren Perspektive aus durchleuchten. In eurem Betrieb, in eurem Geschäft, werden Jugendliche eingestellt und angenommen, die zu euch passen. Sie erfüllen bei der Auswahl die Anforderungen, die ihr marketinggerecht an eine zukunftsorientierte Wirtschaft stellt. Ihr habt eure Normen, was ein junger Mensch mitbringen sollte.
Doch habt ihr vergessen, euer Gefühl dabei voll mit einzubeziehen. Viele von euch bemerken das inzwischen und verlassen sich auf ihr gutes Bauchgefühl. Und trotzdem lasst ihr das intellektuelle Denken noch nicht ganz beiseite. Dieses wird in eurem Betrieb auch sehr wohl gebraucht. Aber, wie schon angeführt, ihr wählt aus nach bestimmten Bewertungskriterien wie Zeugnissen, Noten, Prüfungen und dergleichen. Doch euer Herz würde sich noch gerne etwas anderes anschauen. Es möchte sich die menschliche Seite ansehen und das, was fruchtbar ist.
Hier möchte ich noch einmal an euch appellieren: Haltet nicht einfach an den bisherigen Bewertungskriterien fest, sondern geht in euer Gefühl. Welcher Mensch passt zu uns, wer bringt auch Gefühle mit hinein und nicht nur intellektuelles Wissen?
Intellektuelles Wissen ist einseitig und begrenzt. Es ist die Begrenzung, die euch eure Normen und Standards auferlegen.

Nur, so geht es nicht weiter, weil diese Begrenztheit begrenzt bleibt. Ihr seht es an der Finanz- und Wirtschaftskrise, auf die wir später noch zu sprechen kommen.

Fühlt einmal hinein und habt den Mut, jemanden in euer Team aufzunehmen, der neue Ideen mit sich bringt. Erfragt diese Ideen und fühlt ihre Essenz. Stellt euer Bewertungssystem einmal um auf Ideen anstatt nur auf Noten und Wissen. Ideen, Impulse, Leidenschaft, die in einen Betrieb eingebracht werden können, werden euch erfüllen, und ihr werdet staunen, einfach nur noch staunen.

Lasst zu, dass Menschen mit neuen Ideen und Kreativität kommen und dem Betrieb dienen und nicht nur übernehmen, was schon da ist. Seht, dass Leidenschaft damit verbunden ist. Leidenschaft ist eine Säule, die das Neue trägt.

Habt den Mut und gebt den Jugendlichen diese Möglichkeit. Und dann lasst sie diese Möglichkeiten und Ideen entfalten. Alle können hier nur gewinnen. Anderenfalls werden euch das äußere Umfeld und das Gesamtgefüge zur totalen Aufgabe des Althergebrachten drängen, damit eine zwingende Erneuerung in Gang kommen kann. Aber solch eine Erneuerung könnte euch ein Jugendlicher bereits aufzeigen.

Es sind nicht nur Jugendliche, es sind Kinder der Neuen Zeit, die etwas in sich tragen, das ihr im Augenblick noch nicht fühlen könnt. Es ist ein Geben und Nehmen. Ihr gebt die Erfahrungen mit, die ihr gemacht habt, und die Jugendlichen geben neue Ideen, die noch nicht fruchttragend sind, aber zumindest anregen.

Liebe Geschäftsphilosophen, liebe Personalbetreuer, ihr habt Verantwortung für die Firma übernommen. Es gibt eine gewisse Geschäftsphilosophie, die auch weiterhin aufrechterhalten werden möchte. Jetzt steht ihr jedoch an einem Punkt, an dem euch eure Geschäftsphilosophie mit anderen Geschäftsphilosophien konfrontiert. Und, liebe Personalbetreuer, die ihr diese Geschäftsphilosophie verkörpert und Mitarbeiter nach gewissen Kriterien einstellt, fragt doch einmal, ob der Inhalt und das Bestreben eures Marketings, eures Produkts, überhaupt noch Früchte tragen.

Ihr habt über viele Jahre etwas Großes aufgebaut, das sich durch Erfolg und Weiterkommen ausgezeichnet und euch glücklich gemacht hat. Doch spürt ihr jetzt bereits den Niedergang und den Kampf. Und ihr haltet fest an dem Alten, das jedoch nur noch Kampf ist und nichts Fruchtbares mehr bringt.

Das Leben ist stetige Veränderung, und wo ein Höhepunkt ist, geht es bereits wieder um ein Umdenken. Und je nachdem, wie dieses Umdenken stattfindet, bleibt der Höhepunkt eurer Gefühle und eures Einsatzes präsent. Was gestern noch richtig war und Erfolg gebracht hat, ist heute kein Erfolg mehr, weil ihr Menschen es euch im Inneren gewählt habt, alles immer wieder infrage zu stellen. Das, was euch beglückt hat, beglückt euch nach einer gewissen Zeit nicht mehr, und ihr strebt nach Weiterem.

Also seid offen und lasst interessante neue Ideen zu. Das Leben der Menschen ist immer, vorwärts zu gehen und sich nicht auf Altem auszuruhen. Aus dem Alten will Neues erkannt werden, und es geht nur um Erkenntnisse. Ihr habt das Leben dafür gewählt, in diese Erkenntnisse hineinzugehen und neue Herausforderungen anzunehmen, euch neue Herausforderungen sogar tief in euch zu wünschen.

Euer System ist so aufgebaut, dass nicht nur ein Jahr mit Erfolg zu Ende gehen darf, sondern das nächste Jahr einen noch größeren Erfolg bringen muss. Und damit macht ihr euch krank, weil ihr vergesst, das Leben zu genießen und zu leben. Das Leben selbst will nicht in einem erfolgreichen Jahr zu Ende gehen, sondern es gibt weitere Herausforderungen. Ihr braucht jetzt nicht mehr zu suchen und euch weiter zu trimmen. Kommt in die Ruhe, das Leben nicht als Weitertreiben zu erfahren. Bringt eure innersten Wünsche in euer Leben ein, macht die damit verbundenen Erfahrungen und erfreut euch an diesem Glück.

Mein liebes Du, in der Welt und in deinem Leben gibt es Turbulenzen, und du fragst dich: Was soll ich tun, wie geht es weiter? Du hast so viele neue Eindrücke, die dein Leben beflügeln, aber du weißt nicht, wie du es anpacken kannst.

Was machst du? Du machst das Goldrichtige, du gehst in einen Urlaub, um dir die Zeit zu gönnen und zu nehmen, deine Gedanken und deine Präsenz auf einen Punkt zu bringen. Entweder du gehst ans Meer und hörst das tosende Meeresrauschen, das dich in deinen Gedanken aufrüttelt, oder du gehst in das Nordland und nimmst den starken Wind wahr, der dir um die Ohren pfeift und dir ein neues Lied singt.

Ihr benutzt diese Ferien und diese Auszeit, um euch selbst wiederzufinden. Euer Alltag lässt euch, so, wie ich es sehe, ja keine Zeit dazu. Jetzt geht ihr in den Urlaub und seht all das, was euer Herz, eure Seele, euer Inneres möchte. Und ihr seht den Aufruhr in euch, was gewisse Dinge angeht, sei es eure Arbeit, euer Privatleben oder eure Partnerschaft.

Viele Menschen neigen in diesem Moment dazu, nicht mehr darüber hinauszusehen und verabschieden sich. Wie sagt ihr: Sie/er ging in einen Urlaub und erlag einem Herzschlag.

Ich spreche diese konkreten Dinge ganz klar an, damit ihr versteht, was geschieht, wenn ihr in einen Urlaub geht und euch zuvor nicht klar seid, was dieser Urlaub wirklich für euch bedeutet. Urlaub ist nicht nur Ausschalten und an nichts mehr zu denken. Viele von euch können das gar nicht mehr. Urlaub bedeutet, neu zu überdenken: Was will ich, wohin möchte ich und was stimmt für mich?

Es mag euch ungewöhnlich erscheinen, dass ich diese Thematik in Verbindung mit den Jugendlichen aufgreife, doch ich erkläre euch diesen Zusammenhang.

Ihr hattet eine Intention, einen Wunsch und eure Hingabe an ein neues Berufsprojekt, das sich inzwischen nicht mehr so anfühlt wie zu Beginn. Es sind gewisse Zwänge und Normen hineingekommen, die das ganze System aufrütteln und nicht mehr als wahr oder tragbar gelten lassen.

Im Urlaub habt ihr wieder dieses Freiheitsgefühl. Ihr sucht Ruhe und ordnet euch wieder neu innerhalb der Umstände, die euch noch vorgegeben sind und in denen ihr noch steckt. Ich möchte nicht außer Acht lassen, den gesundheitlichen Aspekt hierbei anzusprechen. Bei den Menschen, die sich noch nicht damit angefreundet haben, sich während des Urlaubs von diesem Druck zu lösen und sich die eigenen Bedürfnisse anzuschauen, ist der Körper einfach überfordert und klinkt sich aus. Wir haben hierzu so viele Beispiele, tagtäglich, und ich habe an früherer Stelle hierzu bereits Wichtiges gesagt.

Immer wieder sucht ihr die Lösung innerhalb dieses ganzen Gefüges, dieses Systems, in euch selbst. Es ist gut, sie in euch selbst zu finden. Aber ihr findet sie nicht, indem ihr überlegt, wie ihr das Geschäft weiter ausdehnen könnt und sich noch mehr Erfolg einstellt.

Euer sehnlicher Wunsch, dort zu sein und irgendeine Position zu erklimmen, hat sich möglicherweise erfüllt. Und nun seid ihr in dieser Position – und sie ist nicht die Erfüllung eures Traums. Ihr kommt nicht mehr weiter und sucht nach neuen Möglichkeiten. So findet ihr euch in Ohnmacht wieder.

Deshalb lege ich euch so sehr die Jugendlichen ans Herz und appelliere auch an sie, weil sie vielleicht neue Möglichkeiten sehen, die ihr nicht wahrnehmt. Ihr habt euren Wunsch und eure Möglichkeiten in den Betrieb eingebracht, doch jetzt kommen die Jungen und bringen euch eine neue Lösung, mit der ihr euch und euren Horizont erweitern könntet.

Bitte bleibt nicht an dem haften, was ihr eingebracht habt und was so wertvoll war für den Betrieb, sondern beachtet die neuen Ideen, die darüber hinausgehen. Warum gibt es Generationen, warum gibt es Großeltern, Eltern und Kinder? Weil jede Generation eine Weiterentwicklung und ein neues Wissen beinhaltet.

Wenn ihr ehrlich zu euch seid, hinterfragt ihr die Wertvorstellungen eurer Eltern ja auch. Und das ist angebracht. Die Vorstellungen eurer Eltern waren ihrer Zeit entsprechend, aber sie infrage zu stellen ist irgendwann angemessen.

So, wie ihr es früher gehandhabt habt, sehen es eure Nachkommen heute.

Ihr könnt offen sein für das Neue, es angehen und einen neuen Impuls in euch wahrnehmen und eure eigenen Erfahrungen genauso lieben wie die Integration der neuen Ideen der Jugendlichen.

Bringt diese beiden Dinge miteinander zu einer Verschmelzung, und ihr werdet keine Probleme mehr mit Langeweile und dem Hamsterrad haben.

Es gibt nur noch ein Miteinander. Jeder bringt das Seine ein, ihr euer Erfahrungswissen und die jungen Menschen die neuen Ideen.

Ihr seht, die Neue Zeit bringt euch so nicht weiter, und alles geht bergab. Also sind eure bisherigen Erfahrungen nicht mehr das Nonplusultra, wie viele von euch denken. Das ist vorbei. Und ich sage ganz klar: Es ist vorbei!

Doch ist es sehr wertvoll, eure Erfahrungen in das Neue einzubringen. Also vertraut diesen jungen Menschen. Es ist eine neue Art der Hierarchie. Hierarchie ist immer etwas Gelebtes, und die Hierarchie hat gelebt und ist bewusst. Doch Hierarchie will weiterleben und Neues einbringen. Das spürt ihr selbst in euch. Auch wenn ihr das mit „So war es, so ist es, und es hat seine Gültigkeit" zudeckt. Es ist nicht mehr so. Die Vergangenheit ist vorbei, es geht um das Jetzt.

LIEBESKRAFT! Nehmt die Liebe an für das Neue. Habt den Optimismus, dass das Leben noch einiges zu bieten hat. Habt den Optimismus, dass ihr da seid, um einer Sache zu dienen, das Neue zu fördern. Habt den Optimismus zu glauben, dass es nicht, wie es in den Medien in dieser Zeit propagiert wird, einen Weltuntergang gibt, sondern dass der Mensch respektiert und angenommen sein wird.

Bring dich ein

Da stehst du nun mit all deinen Ideen, die du verwirklichen möchtest. Du bist angekommen und beginnst, an dich zu glauben und dein Potenzial zu deiner Zufriedenheit ins Leben einfließen zu lassen. In diesem Moment deiner Kraft, aber vielleicht auch noch in Unsicherheit, die sich zeigt, fühle noch einmal in dich. Wenn sich eine Unsicherheit, ein Zweifel zeigt, dann halt inne und besinne dich auf dich. Nimm dir noch einmal Zeit, in der du dein Vorhaben, deine Ideen auf dich wirken lässt. Ist es wirklich das, was dein Inneres an Wünschen zum Ausdruck bringen möchte, oder sind es Wünsche und Bedürfnisse, Visionen, die du dir in deiner jetzigen Situation ersatzweise erfüllen möchtest?

Halt inne und frage jetzt dein Herz, dein Gefühl: Was macht mich wirklich glücklich? Was möchte ich? Was ist mein größter Wunsch in der Tiefe meines Herzens? Ist dieser Wunsch, diese Idee, noch auf dem Alten aufgebaut, oder hast du in dir noch einen ganz anderen Wunsch? Lies jetzt bitte für einen Moment nicht weiter, sondern setze dich mit dir auseinander. Nimm dir Ruhe und Zeit für dich und überprüfe dein Vorhaben.

Entspricht es deinem innersten Wunsch? Ist da etwas, das du viel lieber umsetzen möchtest? Ist da etwas, das für dich das Schönste und die größte Erfüllung wäre?

Stell dir jetzt einmal vor, du würdest in einen Wunschgarten gehen und alles um dich herum vergessen, alles, was da ist und dein Leben bisher geprägt hat, in dem zu eingebunden bist. Gehe aus diesen Dingen einmal heraus und in den neutralen Garten hinein. Fühle dich ein, wo nichts ist, was dein bisheriges Leben bestimmt hat, und lass es dir dort gut gehen. Genieße es. Ja, lass dich dort in dieser Oase nieder. Alles andere spielt keine Rolle. Alles andere ist weg, es kümmert dich nicht. Du hast die Verantwortung nicht dafür. Nichts ist da, nur du in dieser Oase. Und dann besinne dich auf dich. Was möchtest du wirklich? Was möchtest du gerne tun, erleben, erfahren, und welchen Anteil möchtest du nehmen, wenn die alten Umstände, die dich bisher beeinflusst und ausgemacht haben, nicht da wären? Wenn das alles weg wäre? Wirf alles von dir, so, wie du deine Kleider ablegst. Sitze jetzt einfach da und fühle, was dich wirklich glücklich machen würde, wo du deine Leidenschaft hineingeben möchtest. Welche Menschen sollen dabei sein? Gehe bis in die feinsten Nuancen. Und stell dir vor, du kannst das alles herbeizaubern, alles bekommen, du bist jetzt in einem Wunschland. Was möchtest du wirklich? Du bist jetzt frei und an nichts gebunden. Was möchtest du wirklich? Worin möchtest du dein Sein, dein Selbst geben? Was erfüllt dich zutiefst? Spiele ein bisschen, spiele.

Und wenn du aus diesem Spiel erwachst, dann überdenke deine Idee, die du zuvor hattest, noch einmal neu. Ist sie identisch mit dem, was dein eigentliches Vorhaben war, was deine Wünsche waren? War dieses Vorhaben identisch mit deinem inneren Selbst oder nur mit den äußeren Wünschen?

Fühlst du dich, fühlst du deine Essenz, fühlst du, worum es geht? Nimmst du dich wahr mit deinen Gefühlen, mit deinen Wünschen? Dieses Gefühl, das du nun in dir trägst, entscheidet das Weitere.

Nun, meine Liebe, mein Lieber, ich nehme jetzt wahr, dass du noch nicht zu hundertprozent dabei bist. Ich spüre deine Kraft, deine Intention, dein Inneres, das zur Entfaltung drängt und sich verwirklichen möchte. Ich spüre noch vieles andere – deine Bedenken, deine noch nicht volle Zusage, mit deinem ganzen Mut dafür einzustehen. Deshalb schlage ich dir folgende kleine, aber wirksame Übung vor, für die du dir jetzt einen Moment Zeit nehmen solltest:

Fülle einmal in deiner Vorstellung einen Wäschekorb mit all deiner Wäsche. Sieh dabei in jedem Wäschestück deine Idee, die so viele Nuancen und Gesichtspunkte hat, wie an Wäsche vorhanden ist. Stell dir deutlich vor, wie du diese Idee und alle deine „Probleme" mit in diesen Wäschekorb steckst, alles dort hineingibst und dann zusammen in die Waschmaschine füllst, um alles komplett reinigen zu lassen. Alle deine Ideen mit Bedenken und Zweifeln lässt du jetzt einmal gründlich durchwaschen, mit einem kompakten Waschprogramm: Einweichen, Vorwäsche, Hauptwäsche – alles, was die Maschine dafür parat hat. Und nun freue dich, wie die von Zweifeln, Ängsten und mangelndem Vertrauen durchtränkte Wäsche vollkommen gereinigt wird und du sie dann aus der Waschmaschine herausholst.

Jetzt hängst du jedes einzelne Kleidungsstück, jede einzelne Idee, die du in dir trägst, auf die Wäscheleine und lässt die Sonne darauf scheinen, damit es trocknet. Nun schau dir einmal die Wäsche an. Sie duftet, ist sauber und hat nichts Altes mehr an sich. Alles ist wie neu. Die Wäschestücke, die an der Leine hängen, sind nicht neu, es sind deine Wäschestücke, die du liebst und die zu dir gehören. Es sind deine Ideen mit allen Details, sauber, geläutert, herrlich duftend, die wieder neu in Einsatz gebracht werden können. Spüre dabei, wie wohlig sich das anfühlt mit sauberer, gut duftender, reiner Wäsche. Und jetzt sammle alle deine Ideen noch einmal ein und schaue, welches Wäschestück dir am liebsten ist und wo du am meisten Energie hineingeben möchtest. Fühlt sich das nicht gut an? Du kommst jetzt mit deinem strahlenden Hemd oder mit strahlenden Socken, die du dir ausgewählt hast, wieder ins Alltagsleben hinein und verbreitest neue, saubere Ideenkreativität. Voller Kraft, voller Elan, ohne Ängste, ohne jegliche Zweifel, trägst du diese Idee nun vor. Bleibe dabei und erhalte dieses Gefühl deiner Reinheit, deiner Wahl, deinem Wunsch zur Umsetzung. Behalte dieses starke Gefühl in dir, nimm es in dich auf.

Wenn du jetzt eine Pause machst und dieses Gefühl sich intensiv in dir ausbreiten lässt, dann ist das sehr wertvoll für dich. Du brauchst diese Stärke und dieses Gefühl, denn wenn du damit hinausgehst und auftrittst, kommen wieder Menschen auf dich zu, die das nicht so empfinden. Vielleicht haben sie selbst einen Waschmaschinengang durchgemacht, aber vielleicht auch nicht. Möglicherweise können sie mit dem Waschgang nichts anfangen, weil sie ihn nicht nachvollzogen haben und spiegeln dir wieder Zweifel und Ängste, weil sie dieselbe Kraft noch nicht in sich gefunden haben. Das kann dir alles begegnen auf deinem Weg. Sei darauf vorbereitet, dass es Menschen geben wird, die dich durch ihre Ängste und Zweifel zurückhalten, am Alten festklammern wollen. Doch das Alte gibt es für dich nicht mehr. Das Alte ist weg. Von weitem kannst du es noch sehen, kannst es dir noch einmal anschauen, aber du hast bereits entschieden, dass du es nicht mehr möchtest.

Jetzt zu deiner Frage: Wenn Menschen leiden, dein Vis-à-vis leidet und mit all dem nichts anfangen kann oder sogar auf die Barrikaden geht, dann erkenne: Es hat nichts mit dir zu tun, sondern damit, dass diese Menschen noch an Altem festklammern und die Mauer noch nicht erklommen haben, die eine neue Sicht freigibt. Jetzt geht es vielleicht sogar um deine Lieben, was tief in die Gefühle, in die Liebe hineingeht, die du für sie empfindest. Sieh, hier verunsichert dich die Gewohnheit, die du bisher gelebt hast. Es ist schon Liebe zu dem Menschen, aber es ist auch Gewohnheit. Und Gewohnheiten möchtest du ja nicht mehr, weil diese dich und deine Kreativität gelähmt, dich haben schlafen lassen.

Es werden Situationen kommen, in denen Menschen, die du wirklich liebst, dich herausfordern, zu dir zu stehen oder wieder in das Alte einzusteigen. Bedenke daher, du hast dir selbst die Chance gegeben, weiterzuleben, Veränderungen anzugehen, dein inneres Selbst wahrzunehmen. Und wie können es die anderen für sich erreichen, wenn du es nicht tust? Wenn du jetzt wieder in dasselbe alte Muster fällst und nicht den Mut hast, zu dir zu stehen, dann nimmst du diesen Menschen auch die Chance, für sich einzustehen. So werdet ihr beide unglücklich. Ihr werdet beide in dem alten Trott und in der Gewohnheit weiter verharren und darauf warten, dass ein Wunder, wie ihr es nennt, geschieht. Dieses Wunder wird nie geschehen, nie. Das Wunder seid ihr. Das Wunder ist dein inneres Selbst, das sich entfalten und zum Ausdruck kommen darf, wenn du es dir gestattest.

Wenn du jetzt die Schmerzen der Mitmenschen, die dein Bewusstsein nicht haben, wahrnimmst und darin zu viel Energie aufwendest, kann das Wunder nicht geschehen. Gehe deinen Weg in Achtung und Liebe zu deinen Mitmenschen. Und achte und liebe diesen Weg so, dass du sie in diesen Schmerz hineingehen lassen kannst, damit auch sie die Erfahrung machen können, sich selbst zu finden.

Noch ein Zusatz: Diesem Menschen, der dich im Moment vielleicht nicht versteht und dich leiden lässt, kannst du niemals seine Wünsche erfüllen, weil dieser Mensch nicht mehr „lebt". Er verharrt in der Gewohnheit und möchte in seinem Leben nichts verändern. Das Schönste und Größte, was du diesem Menschen schenken kannst, ist, die Veränderung in dir zuzulassen. Damit bekommt auch er die Gelegenheit, seine Gewohnheiten zu verändern, auch wenn es dir jetzt fremd vorkommt und du ihn nicht verletzen möchtest. Es ist nicht verletzend, im Gegenteil: Es ist deine liebende Fürsorge. Du verletzt ihn, wenn du ihm die Veränderung **nicht** ermöglichst.

Fühlst du nun, was ich mit „deine eigene Religion" ausdrücken möchte? Religion ist nur ein Oberbegriff für die Individualität einer Gesinnung. Es ist ein Oberbegriff, der eine Intention, eine Idee, eine Leidenschaft erklärt. Religion verändert sich somit im Wortsinn, wie ihr diesen bisher verstanden habt. Religion war bisher nur eine Glaubensgemeinschaft. Aber sie hat nichts mehr mit Glaubensgemeinschaft zu tun, wenn es nicht um Länder, Kontinente oder Weltwirtschaft geht. Religion bist du. Du bist die größte Religion.

(Seth übermittelt jetzt sehr einfühlsam:)

Ich bitte dich jetzt, oder erlaube es dir selbst, wenn du es möchtest, einen Moment innezuhalten und dich wieder in die Ruhe zu begeben. Spüre dich jetzt ganz stark in dem, was du bist, wie du dich fühlst und was du möchtest. Was sind deine Visionen? Was brauchst du noch für deine Erfüllung? Was möchtest du noch erleben? Worin möchtest du noch mitwirken? Was möchtest du erhalten? Und wie kannst du es angehen? Fühle dich jetzt ganz in dir selbst und gönne dir eine Pause, um mit dir in Einklang zu kommen und Prioritäten zu setzen.

Spüre dann den ersten spontanen Impuls in dir, was sich nach vorne drängt und verwirklicht werden möchte. Halte diesen jetzt fest und genieße ihn, in eurer Zeitrechnung mindestens fünfzehn Minuten. Bewege dich in diesem Wunschgedanken, in dieser Idee, und freue dich darauf, sie in Empfang zu nehmen.

In diesem Empfangen stecken die Leidenschaft und die Antriebskraft, die du dir aus Liebe zu dir zugestehen musst. Alles andere wird sich fügen und auflösen. Nimm diese Vorstellung als Schatz in dein Herz, wo noch viele andere Ideen Platz haben. Es geht jetzt um dich. Und diese einzigartige Kraft, die du dort hineingibst, mit der du das Ganze annimmst, eröffnet dir alles und macht ebenso die Erfüllung anderer Wünsche möglich. Nimm diese Kraft deines Seins, deines Inneren, lebe dich und gehe hinaus und befruchte die Menschen damit.

Deine Vorstellung ist wie ein großer, leuchtender Stern, der immer weiterwächst. Dieser Stern wird auch während des Tags leuchten, sich ausdehnen und alle Menschen, die um dich herum sind, zum Leuchten bringen. Die Menschen, die er nicht zum Leuchten bringt, sind nicht auf deinem Stern. Doch glaube an dich. Du hast dich entschieden, dich zu leben, dein Leben zu erfahren, zu genießen. Es braucht etwas Mut. Hab jetzt diesen Mut, dich zum Ausdruck zu bringen, und du wirst sehen, dass nicht nur ein Stern da ist, sondern unzählige Sterne, die daraus entstehen.

Kannst du dir vorstellen, dass dein großer Stern, deine Idee, die du hast, und der Mut, sie umzusetzen, so viele Menschen beglückt? So vielen Menschen etwas Neues aufzeigt? So vielen Menschen dient, die sich darüber freuen, etwas zu sehen, was sie bisher noch nicht wahrgenommen haben? Bekenne dich jetzt dazu, diesen Weg zu gehen, und dein Leben ist erfüllt. Dein Leben macht endlich Sinn. Wage es, gehe diesen Schritt, um zu erwachen und unzählige Sterne zu sehen, nicht nur den einen.

Religion

Jedes Unternehmen, vor allem, wenn es bereits viele Jahre existiert, hat eine gewisse Geschäftshierarchie. Hierin stecken viel Schweiß und Arbeit, geprägt von vielen Erkenntnissen, neuem Lernen und vom Umsetzen der Herausforderungen. Diese Hierarchie, die so schwer erarbeitet wurde und euch zu dem Erfolg geführt hat, den ihr heute habt, gebt ihr im fortgeschrittenen Stadium ungern wieder auf, um auf etwas Neues zuzugehen. Ihr denkt, alle diese Arbeit, der Schweiß und die Mühen, die ihr eingesetzt habt, müsst es weiterführen, auch weil die gemachten Erfahrungen eine Gültigkeit für die Zukunft besitzen sollen.

Das war bis jetzt auch richtig so, weil das Marketing auf Ausdehnung und Weiterentwicklung der Materie basierte. Durch die Finanzmärkte und das derzeitige Geschehen auf der Erde erfahrt ihr jetzt jedoch, dass diese Hierarchie nicht mehr bestehen kann. Das hat nicht primär mit euch selbst zu tun, sondern mit dem gesamten Umbruch des Erdenbewusstseins.

Könnt ihr euch vorstellen, dass diese Herausforderung, ein Unternehmen nach Wichtigkeit und Wertigkeit aufzubauen, euch gedient hat, um eure eigene Wichtigkeit und Wertigkeit zu finden? Wenn ihr dieses erkannt habt, seid ihr an dem Punkt angelangt, an dem ihr seht, dass gestern vorbei, heute das Jetzt ist und es kein Morgen gibt, das programmiert und gestaltet werden kann. Immer der Tag, der gerade ist, wird ein neues Glücksgefühl in euch erwecken, weil in eurem Leben wieder etwas Interessantes in Erscheinung tritt.

Ihr habt dieses Leben nicht gewählt, um euch auf dem Bisherigen auszuruhen, sondern um euch immer weiterzuentwickeln. Es gibt kein Ende der Entwicklung. Es geht immer weiter.

Ich möchte euch einmal solch eine Geschäftshierarchie vor Augen führen. Ich spreche jetzt die oberen Gremien der Hierarchie an, die eine Hierarchie festhalten wollen und darauf bestehen, diese als wahre Essenz aufrechtzuerhalten.

Eine Geschäftshierarchie ist nichts anderes als eine Religion, die ihr euch für euer Unternehmen gewählt habt, eine Religion, wie es aus euren Erfahrungen heraus zu funktionieren hat, was richtig und was falsch ist.

Vielleicht spürt ihr bereits, dass diese Religion nicht mehr ankommt und manifest ist. Sie bietet euch nicht mehr die Sicherheit, an der ihr noch festhalten wollt.

Wenn ihr dieses Empfinden noch habt, dann vergesst es ganz schnell. Ihr lebt nicht mehr in den Hierarchien der letzten 20, 50 oder 100 Jahre. Ihr lebt im Jetzt und in dem Neuen, das euch im Leben herausfordert.

Diese Religionen haben einen alten Stellenwert in der Geschichte. Eine schöne und wertvolle Geschichte. Deshalb behaltet sie in großer Liebe als wertvolle Geschichte in eurem Herzen.

Der Zeitpunkt ist gekommen, ein neues Buch, eine neue Geschichte zu schreiben und sich auf die neuen Möglichkeiten zu besinnen. Eure Religion tragt ihr in euch. Sie hat euch viele Erfahrungen machen lassen und euch geprägt. Doch hat sie keine Gültigkeit mehr.

Schaut euch doch einmal die vielen verschiedenen Religionen an, die es auf der Erde gibt. An diesen zweifelt ihr bereits und stellt vieles infrage, weil ihr fühlt, dass euch etwas aufgedrückt wird, was ihr im Inneren nicht annehmen könnt. Ihr sollt etwas befolgen, eine Regel, die ihr schon lange hinterfragt.

Diese Regeln der Weltreligionen sind gar nicht so weit von denen eines Unternehmens entfernt. Es gibt vieles, was richtig und wichtig ist, wie die Glaubensansätze der Religionen euch unterjubeln möchten. Und sie möchten euch damit veranlassen, nicht die Verantwortung für euch selbst zu übernehmen, sondern diese einer Religion, einer Anbetung zu übergeben.

Religionen sind für die Menschen da, die noch Unterstützung, Hilfe und Anlehnung bedürfen und ihr wahres inneres Selbst noch nicht erkannt haben. Aber im Grunde ist jeder Mensch seine eigene Religion. Wenn ihr danach trachtet, sie im Außen zu suchen, werdet ihr immer auf der Suche sein und eure wahre innere Kraft und euer wahres inneres Sein nicht entdecken können.

Wenn ihr mit eurer Lebensthematik nicht weiterkommt, betet ihr wieder zu irgendwem. Ich möchte hier keine Namen nennen. Ihr betet zu jemandem, auf dass er euch helfen, euch unterstützen möge. Auf der einen Seite habt ihr eine klare und starke Geschäftsphilosophie, eine Religion, die eingehalten werden soll, auf der anderen Seite gebt ihr die Geschäftsphilosophie in Ohnmacht an ein Gebet ab.

Religion ist eine Ableitung von „re-ligio":ICH BIN, die Rückverbindung zu deinem wahren Selbst. Wenn du betest, beachte dabei, dass du zu dir selbst betest, damit deine Kräfte in Bewegung setzt und für dich nach Lösungen suchst. Übergib nicht deine Verantwortung einem Außenstehenden, der sich dir noch nie in deinem Leben gezeigt hat. Übergib die Verantwortung deinem Höheren Selbst, deiner Religion, deiner Rückverbindung, und tritt in Kontakt mit deinem höheren Bewusstsein, das angekoppelt ist an alle Bewusstseinsformen, die es gibt.

Auf der Erde ist das alles sehr begrenzt. Du kannst diese Größe in dir – die Größe deiner Seele und ihre Verbindungen – jetzt womöglich nicht erkennen. Es unterscheidet sich aber nicht von der Erde. Wenn du aufmerksam bist, nimmst du alle Einflüsse auf der Erde wahr und erkennst auch die neuen Möglichkeiten, dir selbst zu helfen.

Euer Leben im Eingebunden-Sein einer Geschäftswelt lässt es fast nicht mehr zu, dass ihr die Zeit findet, euer Inneres und eure wahre Essenz zu erkennen und wahrzunehmen. Deshalb betet ihr und bittet um Hilfe und Lösungen – Er-lösungen – für ein Thema, das euch momentan sehr beschäftigt. Das Wort „Er-lösung" sagt es bereits: Löse dich von alten Glaubensmustern, von bisherigen Erfolgserlebnissen, und sei neugierig wie ein kleines Kind, um die neuen Ideen zu empfangen.

Ich höre euch, meine Lieben, wie ihr wieder sagt: Ich kann nicht, es geht nicht, ich habe ein Unternehmen zu führen, und daran sind viele Mitarbeiter beteiligt.

Es geht nicht darum, dass du aussteigst und etwas ganz Neues kreierst und schöpfst. Deine bisherigen Erfahrungen waren dir sehr dienlich. Wenn du dich entscheidest, für das Neue offen zu sein, wird das, was du bisher eingebracht hast, sich fruchtbar in etwas Neues integrieren. Verstehst du jetzt, warum ich sage: Hört euch andere Ideen an, auch von jungen Leuten?

Ich erwähne es noch einmal: Ihr könnt den jungen Menschen gewisse Praktiken mitgeben und ihnen dazu verhelfen, ihre Ideen umzusetzen. Doch jetzt beenden wir dieses Thema, und ich zeige euch noch einige Beispiele auf, wie Religionen, Hierarchien und Kirchen euch eine Suppe auslöffeln lassen, die ihr sehr gerne annehmt und auf die ihr euch verlasst, weil sie euch ein Gefühl von Schutz und Geborgenheit bietet. Doch schauen wir uns das im nächsten Abschnitt an.

Religion ist ein weltumfassendes Thema, das immer wieder artikuliert und in das Bewusstsein der Menschen eingebracht wird. Religion hatte einen Machtschöpfer, der verkündete, wie die Menschen sich verhalten sollten. Doch die Religion hat sich gewandelt. Es ist nicht mehr so, dass jemand euch vorschreibt, was ihr zu tun habt.

Ihr Menschen liebt die Religion des Geschäftslebens, in dem ihr euch aufhaltet, und wie sie sich dort zum Ausdruck bringt. Und ihr entscheidet euch deshalb, in diesen Betrieb, in diese Firma einzusteigen, weil dieses Unternehmen eine Religion, eine Philosophie eures Selbst verkörpert.

Religion hat schon längst nicht mehr die Bedeutung, die von der Kirche und ihren Machthabern vorgegeben wird, die euch etwas vorschreiben, woraufhin ihr dann eure Verantwortung abgebt.

Früher bedeutete Religion, die eigene Mündigkeit abzugeben und irgendwo Hilfe zu suchen. Aber Religion hat sich so weit gewandelt, dass sie eine Firma, eine Familie, eine einzelne Person in und für sich vertritt. Und genauso verläuft das Leben heute. Ihr vertretet längst eure eigene Religion, was ihr als „richtig" und „falsch" empfindet. Ein Richtig und Falsch gibt es jedoch nicht, es gibt nur ein Alles-was-ist, und jeder Mensch hat eine eigene Vorstellung davon.

Indem ihr euren Beruf auswählt, identifiziert ihr euch mit der Religion der Firma, für die ihr arbeitet. Wenn ihr eine Beziehung eingeht, geht ihr die Beziehung zu einem Menschen ein und zu dessen Religion, Vorstellungen und Wünsche. Ihr habt eure eigenen Vorstellungen und Wünsche, und das ist eure Religion. Und diese Religion findet den Partner, der euch eure Religion spiegelt und annehmen lässt. Auch ein Betrieb lässt euch diese Religion leben und nachvollziehen.

Die alten Muster von früher sind vorbei. Und ich spreche euch, liebe Menschen, an, die ihr euch dessen bewusst seid.

Ihr haftet nicht mehr der alten Religion der Kirchen an. Es gibt wirklich Momente, in denen ihr nicht weiterwisst in eurem Alltagsleben, bei Themen, die euch beschäftigen. Dann betet ihr wieder zu einer Religion, die ihr einmal gewählt habt. Aber ihr wisst zugleich, dass es nur eine Beruhigung ist, euch eurer eigenen Religion zu vergewissern und Ja zu sagen. Eine Religion wie bisher gibt es nicht mehr. Wenn ihr euch noch einmal mit einem Hoffnungsschimmer dort hineinbegebt und sagt: Oh, lieber Gott, hilf mir, oder, liebe Engel, helft mir, dann wisst ihr in eurem Inneren genau, dass es diesen Gott, diese Engel so nicht gibt. Ihr sprecht mit eurem Höheren Selbst und zu euren geistigen Führern, die ihr gewählt habt, und das ist eure Religion.

Ich möchte der Kirchenreligion nichts absprechen. Es gibt noch genügend Menschen, die die Kirche und ihre Religion noch als Oase empfinden und diese als Beruhigung für ihr Seelenheil aufnehmen und sich dabei geborgen und glücklich fühlen.

Doch ihr, die ihr diese Zeilen lest, gehört nicht mehr dazu. Und daher will ich bei dem Thema Religion nicht mehr weiter auf die Kirchen eingehen. Ihr habt diese hinter euch gelassen, sonst würdet ihr diese Zeilen nicht lesen. Ihr benutzt die Religion von früher vielleicht noch ein wenig als Rückhalt, der von eurer Erziehung herrührt, aber das ist alles.

Wunderbar!

Ich sage es noch einmal: Religion ist die Rückverbindung zu dir selbst. Vertraue dir. Deine Rückverbindung zu dir beinhaltet alles und ist nicht abhängig von äußeren Hilfen und Gaben, die euch sagen, was ihr zu tun habt. Ihr wisst es. Geht in euer Innerstes, erforscht es und nehmt es wahr. Akzeptiert erst einmal, dass euer Innerstes genau weiß, was es möchte, und dann lebt eure Religion, die ihr so stark für euch fühlt, ohne die andere abzulehnen, die zwar momentan noch eine Oase für euch sein mag, aber keine Gültigkeit mehr hat.

Neue Religion

Wir werden nun einen neuen Garten betreten, der mit neuem Bewusstsein zu tun hat.

Bisher sind wir auf die Gegebenheiten eingegangen, die in eurem Leben für euch offensichtlich sind. Ich möchte diesen Durchsagen jetzt eine Wende geben.

Es ist schon vieles über Veränderungen geschrieben worden, und auch ich habe hier über Dinge gesprochen, die sich wandeln und neu zum Ausdruck gebracht werden. Und darum geht es, etwas zum Ausdruck bringen. Vieles ist euch durch das, was ihr bisher gelesen habt, bewusst geworden.

Und jetzt geht es um die neue Religion, und diese ist dein neues Bewusstsein, dich so anzunehmen, wie du bist, deine neuen Ideen, deine neue Kreativität, alles, was dich ausmacht als Mensch. Das ist Religion. Und das ist neue Religion. Und davon möchte ich sprechen.

Neue Religionen sind neue Ideen, Potenziale – Leidenschaften, an die ihr glaubt und die euch als Menschen ausmachen. Die Leidenschaft, die darin steckt, etwas Neues zu kreieren, auf die Beine zu stellen, das ist die neue Religion. Religion ist im Prinzip dasselbe wie Leidenschaft, sich zu etwas zu bekennen, etwas, was das innere Selbst ausdrücken und ins Leben bringen möchte. Alles, was mit Leidenschaft und Freude kreiert wird, wird zu Fülle und Erfüllung führen, auch wenn sich auf dem Weg dorthin gewisse Widerstände zeigen.

Diese Widerstände machen dich, deine Intention und deine Freude nur stark, um deinen Einsatz für das Neue zu verwirklichen.

168

Wenn es niemanden gibt, der sein Inneres zum Ausdruck bringt, geschieht nichts. Doch die Menschen, die ihre Wünsche mit Leidenschaft umsetzen, werden bereits am nächsten Tag die Lorbeeren ernten. Sie werden Erfolge verzeichnen und die Freude im Herzen spüren. Und das ist das Wichtigste: die Freude im Herzen wieder zu spüren, dass die eigene Idee, das eigene Ich, das eigene Selbst richtig ist, andere befruchtet und sie zu neuen Freuden, neuer Hoffnung und Achtung führt.

Jeder Mensch trägt zum Wohl des anderen bei. Und wenn du deine Ideen, dein neues kreatives Potenzial in etwas hineingibst und den Mut hast, dein Bewusstsein mit einzubringen, erweckst du im anderen das Gefühl von Erneuerung.

Eure Vorgesetzten sind mehr und mehr ohnmächtig, wissen nicht mehr mit der Situation umzugehen und klammern sich an das Alte. Aber genau du mit deinen neuen Ideen erweckst, staune jetzt nicht, zum Beispiel in deinem Arbeitgeber eine neue Hoffnung. Du regst ihn zum Denken an und gibst ihm die Lösung, die er von selbst nicht gesehen hat. Deshalb erwähne ich immer wieder: Steh zu dir, finde dich, bringe dein inneres Selbst zum Ausdruck.

Wir haben schon am Anfang darüber gesprochen. Vielleicht erkennst du jetzt die Essenz dessen, was du bereits gelesen hast: Religion ist deine Religion.

Bisher war Religion, sich selbst aufzugeben und sich in etwas zu flüchten, sich jemandem anzuvertrauen, der etwas für dich regelt. Aber mittlerweile bist du so weit, dass du erkennst: Mein inneres Wissen ist eine Religion, und jeder Mensch hat eine. Aber meine Religion kann etwas Neues zustande bringen und kreieren, was die Religionen der althergebrachten, starren Betrachtungsweisen auflöst. Neue Ideen sind die NEUE RELIGION.

Und du, lieber Mensch, der du dich meinen Worten anvertraut hast: DU BIST ES, DU BIST ES, DU, DU, DU! Und auf die wirtschaftlichen und anderen religiösen Fragen werde ich in einem anderen Buch eingehen. Im Moment geht es mir nur um dich, dich als Menschen, dich als wunderbares, universales Selbst anzuerkennen.

Ich habe davon gesprochen, dass jeder Mensch seine eigene Religion hat. Für euren Werdegang, eure Selbstfindung und das Integrieren eures Selbst ist es wertvoll, wenn ihr einmal sämtliche Religionen und auch sonst alles hinter euch lasst. Ich habe euch erzählt, ihr habt eure Religion, die für euch eine eigene Wahrheit beinhaltet.

In diesem Buch geht es um euch, und ich möchte euch nicht vorenthalten, dass auch eure eigene Religion von euch infrage gestellt werden wird.

Ihr kommt an den Punkt eurer Selbstfindung, eurer Selbstentdeckung, eurer Selbstintegration, an dem ihr erstmals für euch selbst sprecht und eure Religion zum Ausdruck bringt, dafür einsteht und sie lebt. Doch verwechselt Intention nicht mit Macht. Machtgehabe, das mit Religion verbunden ist, gibt es weltweit genügend. Ihr findet dort unzählige Beispiele, die euch eure Wirtschaft und Regierungen aufoktroyiert haben und die ihr angenommen habt.

Ihr habt zu etwas Ja gesagt, das eurem Inneren entspricht. Doch diese Religion wird sich in eurem neuen Bewusstsein, in dem ihr wieder integriert habt, wer ihr wirklich seid, wandeln. Es kommt eine Zeit, in der ihr eure eigene Religion, eure Zugehörigkeit zu eurer Religion hinterfragt. Altes wird verabschiedet, und es geht nur noch darum, ihr selbst zu sein und das Neue zu leben.

Eure Religion stellt ihr dann wiederum infrage, und das ist gut so, denn es gibt keine für alle Zeiten gültige Religion, kein gültiges Dogma und Wissen mehr, alles kreiert sich jeden Tag neu. Und auch du, lieber Mensch, kommst an den Punkt, an dem du fühlst, dass auch deine Religion infrage gestellt ist. Du wirst dich fragen, ob alles, was du denkst und fühlst, noch Gültigkeit hat.

Ich habe dich aufgemuntert, dich neu zu leben, die Dinge neu zu handhaben und dich zum Ausdruck zu bringen. Doch wirst du aufgefordert, auch das wieder infrage zu stellen. Lass dich nicht davon abbringen, dein eigenes Selbst zum Ausdruck zu bringen. Schau dir jedoch auch andere Informationen an und beharre nicht auf deinen. Befasse dich immer auch mit anderen Ideen und Wertvorstellungen und überdenke sie. Die Zeit, sich selbst als einzigen Gott zu fühlen und die Macht und Richtigkeit gepachtet zu haben, ist vorbei. Die Zeit ist da, alles zuzulassen, alles aufzunehmen, sich anzuschauen und für sich zu entscheiden, was sich gut und passend anfühlt, und was nicht. Wenn du auf dein Inneres hörst, wenn du dir wirklich die Zeit nimmst und darauf hörst, wirst du alle *Sprachen*, die etwas mitzuteilen haben, in dir aufnehmen. Und du wirst für dich entscheiden können, was dir Wundervolles gebracht werden soll, und was du nicht mehr brauchst. Ich möchte dich darauf vorbereiten, was dir begegnen wird. Jeder Mensch hat seine eigene Religion, die aber in jedem Moment offen sein sollte für neue Impulse. So bleibt sie nicht begrenzt, sondern wird hineingeführt in eine Offenheit für Neues, das sich immer weiter entwickeln wird.

Eine eigene Religion beinhaltet Offenheit und Grenzenlosigkeit, das heißt, sie ist Landes- wie Kontinent übergreifend. Überdenkt einmal, ob ihr euch wirklich offen in alles hineindenken und einfühlen könnt.

Jedes Land hat seine eigenen Vorstellungen und Dogmatismen, wie in diesem Land gelebt und auf welche Wertvorstellungen gebaut werden kann. Ihr seid ein einzelner Mensch, der gewisse Wertvorstellungen hat. Und je mehr ihr diese eingrenzt und euch somit einengt, wird es auch im Großen und Ganzen nicht stattfinden. Ihr wisst das alles schon. Doch erwähne ich es noch einmal, um jetzt auf die Weltreligion einzugehen.

Jedes Land, jeder Kontinent hat seine Kultur und Werte, seine Gepflogenheiten, allein schon durch die klimatischen Verhältnisse, denen sich das Leben anpasst.

Wenn wir uns die Kontinente anschauen, sei es Amerika, Asien, Australien, Ost-Asien, Afrika oder Europa, sehen wir Menschen, die in gewohnten Strukturen leben, aber nicht mehr zufrieden sind und etwas Neues möchten. Jeder Kontinent hat seine eigenen Religionen und Regierungen, die für die jeweiligen Länder und für den Kontinent einstehen.

Im Großen wie im Kleinen. Auch jeder Mensch sorgt für seine Bedürfnisse genauso, wie ein Land oder ein Kontinent. Wenn es auf dem ganzen Planeten Erde nur eine gültige Wahrheit, ein gültiges Richtig oder Falsch gäbe, wäre nichts mehr zu tun. Ihr nennt es Frieden, doch wäre es euch Menschen auf Dauer zu langweilig. Ihr braucht die Herausforderung, die in der Abwechslung liegt. Deshalb seid ihr hier.

Ich spreche jetzt von großen Zusammenhängen, von Kontinenten und von der ganzen Erde, doch werdet euch einmal bewusst, dass alles bei jedem Einzelnen beginnt, bei der Arbeit, der Familie usw. Wenn alles eine Einheitssuppe ist, wird es euch schnell langweilig, und ihr fragt euch: Was soll das? Ihr habt die Herausforderung, die Erfahrungen gewählt, und jetzt nehmt sie an und bewertet sie nicht mit Gut oder Schlecht. Ihr wolltet die Herausforderung. Die Erde ist Herausforderung! Ein Teil von euch sehnt sich immer nach Ruhe, nach Stille, nicht nach Herausforderung. Aber warum seid ihr dann überhaupt hier? Vergesst nicht: Dort, wo ihr herkommt, gab es keine Herausforderung, und es wurde euch langweilig. Darum seid ihr hier.

Fühlst du jetzt eine Aufbruchstimmung in dir? Du hast dich entschieden, deine innere Zufriedenheit, dein inneres Glück, deine innere Fülle zuzulassen. Das kann aber nur geschehen, wenn du dich vom Äußeren unabhängig machst, indem du es siehst und für dich annimmst. Es mag für dich ungewohnt erscheinen und sich uferlos anfühlen, doch in deinem Inneren fühlst du, dass du längst uferlos bist. Wie kannst du ans Trockene kommen und dich selbst finden, deinen Anker wieder werfen? Nur indem du dich anerkennst, dir bewusst wirst, warum du hier bist und den Mut hast, deine Präsenz, dein eigenes Selbst, sich hier entfalten zu lassen.

Um an ein Ufer zu gelangen, ist eine große Welle nötig, eine Welle der Gefühle, die es dir ermöglicht, dein Ufer zu erkennen und wahrzunehmen. Wenn du dann dein Ufer gefunden hast, dein Zuhause, den Ausdruck deines Selbst, dann bist du am Ufer angekommen und hast dich größtenteils gefunden. Und nur ein Ufer gibt dir jetzt den Halt und das Gefühl, dich deiner Aufbruchstimmung stellen zu können.

Ruhe dich daher zunächst einmal am Ufer aus. Leg dich hin und genieße dein Sein. Fühle, was es in dir auslöst, ganz bei dir angekommen zu sein. Welche Wohltat, nichts mehr tun, nichts mehr erfüllen zu müssen, sondern die Erfüllung immer deine eigene Wahl sein zu lassen, deine Entscheidung, woran du noch teilhaben möchtest.

Der Wellengang, der dich wieder ans Ufer getrieben hat, wird dich noch eine Weile begleiten. Du weißt, es gibt Ebbe und Flut. Manchmal hat man mehr Spielraum am Ufer, manchmal weniger. Ebbe und Flut. Dein Sein ist wie Ebbe und Flut. Und es braucht immer wieder die Aufmerksamkeit und die Bereitschaft, sich wieder zu öffnen und zurückzunehmen, mal offen für sich, mal offen für das Umfeld zu sein. Die Natur zeigt es euch: Ebbe und Flut. Mal ist das Ufer mehr überschwemmt, und es gibt weniger Raum, sich in die Gemeinschaft einzubringen. In dieser Ruhephase kannst du dich wieder mehr mit dir beschäftigen, bevor die Ebbe den Raum wieder freigibt.

Die eigene Religion zu haben ist wie Ebbe und Flut.

Es gibt deine Religion, und es gibt eine Religion, die durch die Verbindung eines jeden Menschen zu dir ins Leben gerufen wird. Es ist wie eine Welle. Stell dir eine riesengroße Welle vor, die sich aufbäumt und wieder zurückgeht. Mal sammelst du dich wieder und siehst klar, wer du bist und was du zum Ausdruck bringen möchtest. Und dann kommt durch die große Welle wieder die Herausforderung, die anderen wahrzunehmen und dein Inneres, das sich dir offenbart hat, weiterzugeben.

Dein Ufer und deinen Anker findest du immer nur in dir selbst. Die meiste Zeit deines Lebens hast du deinem Umfeld gewidmet. Jetzt bist du an dem Punkt, an dem du dein inneres Umfeld wahrnimmst, ihm Gültigkeit beimisst und alles hinterfragst. Das ist die Voraussetzung, um mit der Welle mitzufließen und mit einem neuen Bewusstsein wieder ins Außen zu treten.

☆☆☆

Religion und Weltpolitik

Wir gehen nun in das Große und Ganze hinein und lassen den einzelnen Menschen einmal außen vor. Ich möchte euch ein Beispiel geben, was in der Weltpolitik geschieht, in der ihr euch so gerne aufhaltet, ja, euch ereifert und eure Gedanken mit einbringt. Als pure Gedanken bewirken sie dort allerdings wenig.

Ihr seht in der Weltpolitik viele Religionen, die östlichen und die westlichen, die wir jetzt nicht alle aufzählen wollen. Überall geht es um Glaubensmuster, und jedes hat sein eigenes „Ufer" und seine eigene Intention, die es zu respektieren gilt. Die Menschheit befasst sich noch damit, eine einzige Religion als die wahre anzusehen, was jedoch bereits in der Veränderung ist. In der Wirtschaft werden schon viele Religionen als solche akzeptiert, und es werden Lösungen für die verschiedenen Religionen geschaffen.

Nun möchte ich dieses Beispiel nehmen, um dir etwas zu erklären. Du hast deine Religion in dir gefunden, und vielleicht verstehst du es besser, wenn ich es im Großen und Ganzen erkläre. Wir wollen hier den Begriff Religion bewusst in alle Richtungen ausdehnen.

Die Vereinigten Staaten haben einen Präsidenten und eine eigene Religion. Die Moslems haben ihr eigenes Reich und ihre eigene Religion. Die Katholiken leben auch mit ihrer eigenen Religion innerhalb des Christentums. Jeder fühlt sich wohl und aufgehoben in seiner Religion und verkörpert damit einen Gemeinschaftssinn. Und darum geht es, um einen Gemeinschaftssinn, sich zu etwas zu bekennen. Daraus sind dann Kriege entstanden, weil jeder seine Religion als ultimative Wahrheit festlegen will.

Du hast deine eigene Religion. Und wenn du darauf beharrst, dann gibt es Kriege im Kleinen, mit deinen Mitmenschen, mit deinem Vis-à-vis. Jede Religion birgt etwas in sich, das den Menschen in seiner Glaubensüberzeugung und Lebensauffassung ausmacht. Wenn du das erkennst und akzeptierst, kommst du in die wirkliche Freiheit.

Jeder Staat ist auf einer Religion aufgebaut und möchte diese vertreten. Es ist gut, so lange diese nicht zu allgemeiner Gültigkeit gemacht wird. Es geht um die allgemeine Offenheit, jede Religion anzunehmen, zu respektieren und zu versuchen, dort eine Ordnung zu finden. Mit Kampf und alleiniger Gültigkeitsvertretung gibt es keine Freiheit, sondern nur neue Konflikte.

Mit dir sieht es genauso aus. Du hast deine eigene Religion, deine Ansicht, und die ist wundervoll, sie zeichnet dich aus, ist einmalig und hat große Gültigkeit. Doch gilt es immer eine andere Religion, die andere Meinung eines Menschen, und sie gilt es, anzuhören, offen dafür zu sein und sie zu respektieren.

Wie das jeder für sich handhabt und was er für sich daraus macht, bleibt ihm überlassen. Doch möchte ich euch sagen: Mit Offenheit und Akzeptanz geht alles leichter. Gib dir den nötigen Respekt für deine Idee, die so wundervoll ist, und gib deinem Vis-à-vis auch den nötigen Respekt, der ihm zusteht und dich bereichert.

So weit bist du jetzt mit deiner Erkenntnis angekommen,– und ich wende mich nun wieder an dich persönlich:

Es war viel, was du über Religion allgemein und deine Religion gelesen hast. Ich möchte, dass du dich nun hinsetzt und dir einen Moment Zeit nimmst. Überdenke bitte, was deine Religion ist und ob es eine Religion gibt, einen Zustand in deinem Leben, mit dem du nicht einverstanden bist. Die Offenheit, von der ich dir erzählt habe, spielt jetzt eine vorrangige Rolle. Du hast deine eigene Religion, deine innere Kunst und Leidenschaft, immer zu spüren, was sich für dich gut und richtig anfühlt. Das hat jeder Mensch. Jeder hat ein Gut und Richtig, und trotzdem bist du einzigartig und wertvoll in deiner Vollständigkeit.

Gibt es irgendetwas in deinem Leben, das du nicht annehmen kannst; wo du nicht offen bist, es dir anzusehen? Gibt es etwas, womit du nicht einverstanden bist, es dir anzuhören und deine eigenen Gedanken daraus zu entwickeln?

Nimm dir einen Moment Zeit, das zu erspüren und dir deine Gedanken dazu zu machen.

Womit bist du überhaupt nicht einverstanden?

Nicht einverstanden zu sein bedeutet, etwas nicht zuzulassen, annehmen zu können und als gleichwertige Gültigkeit zu akzeptieren. Dieses Akzeptieren hat nichts damit zu tun, es selbst sein zu müssen und zu leben. Es zeigt nur die Transparenz der Vielfältigkeit all dessen auf, was jeder Mensch erschaffen kann. Und wie ich dir bereits gesagt habe: Schau es dir an, inwieweit es dich befruchten und bereichern kann.

Das ist der Weg, dich selbst zu erkennen, dich wahrzunehmen, wer du wirklich bist, und dein großartiges Potenzial zu leben.

Es gibt nicht nur ein großartiges Potenzial auf der Erde, sondern mehrere. Ein einfaches Beispiel: Ein Maurer kann nicht die Arbeit eines Akademikers verrichten, und ein Akademiker keine Mauerarbeit. Jeder hat seine Aufgabe und sein Talent, seine Leidenschaft auszuleben und sich mit dem eigenen Potenzial nützlich in die Gemeinschaft einzubringen. Ein Mensch allein kann auf der Erde nicht existieren, dazu braucht es viele. Ihr braucht immer eure Mitmenschen, die euch mit ihrem Potenzial und ihrer Leidenschaft in eurem Vorhaben unterstützen.

Wenn jeder seine Religion in seinem Vorhaben und in seiner Leidenschaft lebt, offen ist für die anderen, sie integriert und annimmt, wird das Ganze fruchtbar.

Seht ihr jetzt, dass Religion etwas Übergreifendes ist? Es gibt eine Religion, die das Gesamte beinhaltet, die das menschliche Zusammensein regelt. Das ist die „große Religion", von der ich jetzt hier spreche: Jeden in seinem Leben und in seiner Leidenschaft leben zu lassen und darin zu unterstützen.

Wenn der Mensch es nicht schafft, seine Religion für sich zum Ausdruck zu bringen und gleichzeitig für andere Religionen offen zu sein, wenn er nichts Neues mehr zulässt, ist er wieder in den alten Strukturen, in den alten Wertvorstellungen gefangen, wie die Wirtschaft und die Gesellschaft es euch aufzeigen.

Ihr habt etwas Großartiges mitzugeben! Wenn ihr Menschen trefft, die nicht offen und flexibel für das Neue sind, könnt ihr euch schnell von ihnen verabschieden. Aber wenn ihr selbst so verhaftet seid, dann überdenkt noch einmal, ob es euch glücklich macht und befreit.

Ihr seid als euer eigenes Selbst, mit eurer Größe und Individualität in dieses Leben getreten. Habt ihr euch schon einmal gefragt, weshalb und wieso? Was dieses Leben hier soll? Welche Aufgabe ihr habt? Was ihr damit macht?

Bisher war es so, dass man irgendwelche Bedürfnisse hatte, die erfüllt werden wollten. Hier sind noch alte Muster zu sehen wie: eine Familie gründen, ein Zuhause haben, eine Beziehung eingehen, alles aus den alten Wertvorstellungen heraus. *Noch* haben diese für euch eine große Bedeutung, *noch* ist es euer innigster Wunsch.

Ich möchte das nicht abwerten. Es ist das Absolute, das ihr euch gewählt habt. Und ich glaube, es ist das Schönste und Größte, was sich ein Mensch vorstellen kann, eine Beziehung einzugehen und ein neues Leben entstehen zu lassen. Genießt es. Ihr habt es schon längst auf eine neue Ebene gebracht und möchtet es dort leben.

Das und wie ihr diese neue Beziehung und neue Familie auf einer neuen Ebene leben möchtet, zeigt schon eure Offenheit von Zusammensein und davon, die eigene Religion zu leben und die des anderen anzunehmen. Immer noch ist es eine große Herausforderung, doch ihr lebt es nicht mehr auf der Ebene von Abhängigkeiten, und ich zolle euch den größten Respekt. Ihr habt bereits ein weit offenes Bewusstsein, was solch eine Verbindung mit einschließt.

Jetzt erarbeitet ihr gemeinsam eine neue Religion, eine Familienreligion, aber nicht mehr im althergebrachten Sinn, sondern jeder in seiner Religion: Ich stelle mir das Zusammenleben in meiner Religion so vor, und mein Partner stellt sich das in seiner Religion auf seine Weise vor. So kommt ihr zu einem Konsens. Diese vorherigen Absprachen sind wichtig und funktionieren auch, weil jeder für sich eintreten und sich selbst leben darf.

Wenn ihr den Partner gefunden habt, mit dem dieses zu leben möglich ist und es kein Müssen mehr ist, seid ihr auf dem besten Weg, alles miteinander zu verbinden. Wenn es dabei noch Kämpfe und Herausforderungen gibt, so zeigt dir das, wo du noch deine Kämpfe in dir hast und etwas erkämpfen möchtest.

Solche Beziehungen in der Neuen Zeit sind nicht mehr wie früher, das habt ihr euch bereits so gewählt. Gratuliere! Diese Beziehungen sind absolut fruchtbar und förderlich für jeden Einzelnen der Gemeinschaft.

Religionen entstehen in einer neuen Familie, in dem neuen Bewusstsein, dass jeder Mensch seine Bedürfnisse hat und diese auch zum Ausdruck bringen möchte. Und es ist auch die Offenheit da, die Religion des anderen zu akzeptieren, wahrzunehmen, anzunehmen und daraus etwas Gemeinsames, Fruchtbares, Ausgeglichenes zu kreieren.

Wenn du dort angelangt bist, kannst du alles gleichzeitig leben. Alle deine Wünsche werden gleichzeitig präsent und umsetzbar. Wenn, was die eigenen Wünsche und die Rollenverteilung angeht, noch ein Ungleichgewicht sein sollte, bist du aber nicht mehr weit davon entfernt, dieses auch noch in ein Gleichgewicht zu bringen und zu manifestieren.

Ihr seid Beziehungen in einem neuen Bewusstsein eingegangen. Diese finden auf dieser Ebene statt und nicht mehr in Abhängigkeitsverknüpfungen, in denen einer mehr Verantwortung übernimmt als der andere. Die Vorlieben sind in jedem Menschen unterschiedlich angelegt. Der eine hat ein Talent auf einem speziellen Gebiet, und der Partner auf einem anderen. Doch das macht jeweils ein Drittel in eurem Leben aus. Ich formuliere es einmal in eurer menschlichen Form in Zahlen. Und das letzte Drittel wird gemeinsam gelebt. Ich und Ich und die Gemeinschaft.

Ich gratuliere dir! Jedem Einzelnen! Obwohl mir das nicht zusteht. Die besseren Worte sind: Ich freue mich für jeden Einzelnen, der dieses erkennt, wahrnimmt, lebt und zum Ausdruck bringt und den Partner mit denselben Vorstellungen dafür angezogen beziehungsweise gefunden hat. So etwas kann nur befruchtend sein und sich weiterentwickeln zum Wohl der eigenen Zufriedenheit, des eigenen Glücksgefühls und zum Wohl des Mitmenschen. Es ist LIEBE, LIEBE, LIEBE.

Wie im Kleinen, so im Großen –
wie im Großen, so im Kleinen.

Du fragst dich: Wie kann ich als einzelner Mensch etwas bewirken? Wie kann ich verwirklichen, was ich mir vorstelle? Wenn ich mich dort hineinbegebe und es umsetzen möchte? Da kommt jetzt der liebe Verstand und sagt: Es ist nicht möglich, weil ich Vorgesetzte habe, weil gewisse Dinge unverrückbar sind, die ich akzeptieren und annehmen muss.

So ist es nicht! Ich sage noch einmal: Wie im Kleinen, so im Großen – wie im Großen, so im Kleinen.

Ich komme noch einmal auf den Präsidenten der Vereinigten Staaten zurück. Er ist ein einzelner Mensch wie du, der jedoch mehr Menschen anspricht, als du es im Moment für dich gewählt hast. Doch macht es keinen großen Unterschied. Dieser Präsident ist ein einzelner Mensch, der seine Leidenschaft, seine Ideen und Visionen in ein großes Land einbringen möchte, in einen ganzen Kontinent und in die ganze Welt. Aber er ist ein einzelner Mensch, vergiss das nicht. Er spricht viele Menschen an, weil er ein bestimmtes Wissen, eine Idee hat und die Menschen für eine Erneuerung und Veränderung begeistern kann. Aber er alleine würde nichts bewirken, wenn er die Menschen nicht in einem neuen Bewusstsein, einer neuen Wahrnehmung, einer neuen Wunschvorstellung des Seins abholen könnte. Doch braucht er dazu jeden oder zumindest viele Menschen, die dazu Ja sagen. Der Präsident der Vereinigten Staaten ist ein gutes Beispiel für euch, wie ein einzelner Mensch vieles bewirken und viele mitreißen kann, Veränderungen anzugehen und für das Neue einzustehen.

Im Kleinen wie im Großen, im Großen wie im Kleinen. Du, mein lieber Mensch, kannst das auch. Wenn du in eine Familie oder in einen Betrieb eingebunden bist, nimm dir dieses Beispiel zu Herzen. Eine Idee, die andere Menschen befruchtet und ihnen zu einer neuen Sichtweise verhilft, zieht vieles mit sich. Auch du kannst das. Das ist es, was ich vorhin angesprochen habe: Sei immer offen für das Umfeld. Wenn du eine Idee hast und sie nur für dich verwirklichen möchtest, wird sie keine Früchte tragen, und du siehst Mauern, Mauern, Mauern. Es geht darum, dass du mit deiner Idee die Offenheit hast, immer das Große Ganze zu sehen und flexibel zu bleiben.

Eine Idee ist wundervoll, und sie zeichnet dich aus in deiner Struktur, in deiner Essenz. Der Schlüssel liegt darin, jeden Menschen als einmaliges und liebevolles Wesen anzuerkennen und zu respektieren, dass jeder sein Bestes geben möchte. Doch eine Idee ist ein Vorreiter, das Zugpferd. Dieses Zugpferd kann viele mit sich ziehen und ihnen wieder einen Lebenssinn ergeben, um Hoffnung zu schöpfen. Wenn du solch eine Idee hast, dann gib sie ein. Setze dich dafür ein mit Leidenschaft, aber immer mit offenen Ohren, Augen und Intuition, um wahrzunehmen, was dienlich ist.

Jeder Mensch hat seine Begabungen. Ich sage es noch einmal: Jeder Mensch hat sein eigenes Gefühl, Gespür, Talent für gewisse Dinge. Einer ist der Anführer, andere sind Ausführende, wieder andere Schöpfer mit Ideen. Und wenn die Augen und das Gefühl der Offenheit jeden Moment gegenwärtig sind, getroffen aus einer eigenen Entscheidung, kann das Ganze wunderschöne Erneuerungen bringen, die bis ins Detail und bis zum Schluss jetzt, zu Beginn, noch gar nicht wahrgenommen werden können.

Ich komme noch einmal auf den Präsidenten der Vereinigten Staaten zurück, weil er in den letzten Jahren ein großes Thema war und für euch gut vorstellbar ist:

Dieser Präsident kann nicht alles überschauen, erledigen. Er braucht seine fähigen, kreativen, intuitiven Helfer um sich herum, um seine Ideen zu verwirklichen.

Vergiss das auch für dich nicht. Wenn du eine Idee gebierst und in eine Firma, in eine Familie einbringen möchtest, braucht es immer auch die anderen dazu, die dieses ebenso für gut, für wertvoll befinden. Sie unterstützen die Idee mit ihren eigenen Mitteln, Kräften und dem Herzen. Und auch sie müssen sich bei der Umsetzung der Idee zum Ausdruck bringen, zu sich selbst stehen und die Offenheit dafür haben, dass jeder Mensch dazugehört.

Hierbei kommt es sicher noch zu Herausforderungen, zu Kollisionen, wie ihr es nennt. Dadurch erwacht ihr in eurem Denken und nehmt eine neue Perspektive wahr.

Ihr seid ganz in euren neuen Ideen, habt diese kundgetan, und die Mitmenschen ziehen mit. Sie möchten euch unterstützen und ihre eigenen Ideen mit einbringen.

Jeder Mensch hat solche Ideen und Vorstellungen, und jetzt geht es wieder um die Offenheit, von der ich gesprochen habe: offen zu sein, sich das anzuhören und daraus eine Kommunikation entstehen zu lassen, die der ganzen Idee entspricht. Schreckt nicht zurück, wenn sich Blockaden oder Begrenzungen zeigen, die eure Idee, so, wie ihr sie euch ausgedacht habt, einzuengen scheinen. Das dient dazu, alles im noch größeren Spektrum zu sehen und euch noch weiter zu öffnen, um die allumfassende Perspektive zu sehen, die allen dient.

Wie gesagt, jeder Mensch hat seine Potenziale und Ideen, und jeder trägt zu einer größeren Perspektive und Unterstützung der Idee bei, wenn ihr offen seid und nicht in eurer eigenen Idee begrenzt und gefangen.

Wirtschaftstraum – Wirtschaftsbaum

Jedes gesunde große Unternehmen ist ein Wirtschaftsbaum, der seine Wurzeln tief in der Erde verankert hat und auf altem Wissen und alten Erfahrungen aufbaut, sich erweitert und in neue Dimensionen hineinbewegt hat. Dieser Wirtschaftsbaum fundiert auf Wissen und Gesetzmäßigkeiten, die bisher gültig waren.

Dieser Wirtschaftsbaum, dieses alte Wissen, das bisher gefruchtet und Auftrieb gegeben, so viele Menschen ernährt und Freude bereitet hat, steht nun auf einem wankenden Schiff, das nicht mehr weiß, wohin die Wellen und Wogen es hinbringen. Alle alten Strukturen lösen sich auf. Die Wurzeln, die geschaffen wurden, lösen sich ebenso auf. Ihr versteht die Welt nicht mehr und versucht zu ergründen, wie das passieren kann. Alles, was bisher gezählt hat und vollkommen war, sackt in sich zusammen. Dieser starke Baum, auf den ihr gebaut habt, verliert seine Kraft und blüht nicht mehr.

Die Verwurzelungen, der alte Baum, hatten nur das eine Bestreben: immer wieder neu zu blühen, immer mehr Blätter zu bekommen, immer mehr Früchte einzufahren und immer weiter, weiter und weiter zu wachsen.

Früchte einzubringen gehört zu den erdenkbar schönsten Dingen im Leben. Doch braucht es auf dem alten Baum mit den alten Wurzeln einen neuen Trieb, eine Erneuerung, die aus diesem Baum entsteht. Versteht, dass eine Neue Zeit angebrochen ist! Ein neues Bewusstsein, ein Quantensprung des Bewusstseins.

Stellt euch vor, aus einem Tier wird ein Mensch, das einfachste Beispiel. Bitte fühlt euch jetzt nicht gekränkt, wenn ich sage, aus einem Tier wird ein Mensch. Aber so könnt ihr das Bewusstsein, um das es nun geht, am besten nachvollziehen. So geschieht Weiterentwicklung des Bewusstseins. Und euren alten Baum und sein Wissen, das immer wieder neue Blätter und Früchte hervorgebracht hat, gibt es nicht mehr. Der Baum ist alt und müde. Und der junge Baum, das kleine Pflänzchen daneben, möchte auch wachsen, aber leichter und einfacher.

Die Welt, die Wirtschaft, würde stehen bleiben, wenn alles auf dem alten Baum aufgebaut würde. Lange hatte das Alte Gültigkeit, doch jetzt ist der Umbruch da, und ich muss euch vehement darauf hinweisen: Es ist ein Umbruch, den vielleicht viele von euch noch gar nicht wahrgenommen haben. Es ist ein Umbruch in etwas völlig Neues, in neue Möglichkeiten hinein, wo das Alte nicht mehr gebraucht wird.

Das Alte ist zwar ein Teil von euch und trägt diesen Teil, dieses Wissen, jetzt in euch, aber das braucht es nicht mehr.

So frage ich euch: Wieso brechen großartige, namenhafte Unternehmen, die die ganze Welt erobert haben, plötzlich zusammen und verschwinden im Rahmen der Wirtschaftskrise? Ein alter Baum, den nichts erschüttern konnte, stirbt, geht zugrunde. Gehen euch dabei nicht die Augen auf?

Es geht nicht mehr darum, in diesem neuen Leben das alte Wissen immer wieder einzusetzen. Vielleicht habt ihr euch noch ein derartiges Wissen angeeignet und es nicht vergessen, doch mit diesem Wissen geht es nicht mehr weiter.

Ihr Menschen seid es gewohnt, Macht zu haben, alles zu kontrollieren und zu steuern. Und ihr denkt, mit gewissen Konzepten, Programmen und Ideen könnt ihr das Alte aufrechterhalten oder aus dem Alten eine Weiterentwicklung produzieren.

Mein liebes DU, nein! Und du kannst deine Hoffnung noch so lange aufrechterhalten, wie du willst, das Alte gibt es nicht mehr. Die Generation des Alten wird gehen. Sie wird nicht mehr da sein. Sie wird Legende werden.

Wenn du in deinem Leben noch etwas bewirken möchtest, dann nimm diese Worte jetzt an und höre auch die nächsten. Wenn du aber sagst, ich bin müde und kann nicht mehr, ich mag nicht mehr, dann ist das auch in Ordnung. Dann genieße diesen Abschluss, das, was du in deinem Leben erreicht hast, jeden Tag von Neuem und mache das Beste daraus.

Ich weiß, dass viele Menschen mit dem Neuen noch nicht umgehen können, desorientiert sind, hin und hergerissen von ihren Gefühlen. Auf der einen Seite pocht in euch ein Herz, das die Beständigkeit des Bisherigen bewahren möchte, und auf der anderen Seite spürt ihr ganz genau, dass es so nicht weitergeht.

Die Entscheidung liegt bei dir, welchen Weg du einschlagen, worin du dein Vertrauen und deine Kraft einsetzen möchtest.

Wirtschaftsträume

Wirtschaftsträume gibt es auf zwei verschiedenen Ebenen: In deinem bisherigen Sein, in dem, was funktioniert hat, um diesen Traum weiterwirken zu lassen. Aber wo läuft dieser Traum hin? Meistens auf finanziellen Gewinn und die Bestätigung deines Selbst, dass du etwas erreicht hast und etwas auf die Seite – Luxus, Bequemlichkeit – gelegt hast. Und genau diese Bequemlichkeit ist der Punkt.

Euer Ziel ist Profit und doch nicht Profit, weil dieser Profit euch Bequemlichkeit schafft, ein angenehmes Leben.

Dieses angenehme Leben wird es nicht geben, weil ihr dann davon nicht mehr loskommt. In diesem Sinn möchte jeder

Mensch ein angenehmes Leben haben – Ruhe, etwas mehr Zeit und die Schönheiten des Lebens genießen, ein dickes Bankkonto und sich alle Wünsche erfüllen. Doch was sind die wirklichen Wünsche?

Vorerst stellt es sich als Geschäftsüberschuss, als Wirtschaftsüberschuss dar. Und wenn dieser dann da ist, habt ihr nicht mehr die Zeit für euch. Ihr seid im Hamsterrad.

Die anderen „Wirtschaftsträume" sind Ideen von dir. Es sind Träume deines inneren Selbst, die du erfahren möchtest. Du hast deine eigene Idee und dich entschieden, deinen Weg zu gehen und für dich einzustehen, doch weißt du nur noch nicht genau, wie, und trotzdem hast du den starken Willen, es durchzuziehen, weg vom alten Baum, von den alten Mustern. Super! Auf diesem Weg der neuen Ideen fühlst du dich im Moment etwas allein. Es braucht den größten Mut von dir, jetzt für dich einzustehen und dich einzubringen, wie ich schon mehrmals erwähnt habe. Solche Menschen wie du, die neue Ideen entwickeln, im neuen Bewusstsein, in der neuen Selbstfindung, sind jetzt gefragt.

Wirtschaftskrise

Jetzt, da du fühlst, was du möchtest, was du tun könntest, wohin es dich zieht, stellen sich dir die Fragen, die dir tagtäglich begegnen und dich mit der Thematik „Wirtschaftskrise" konfrontieren. Die Wirtschaftskrise ruft Angst in dir hervor: Schaffe ich es, oder schaffe ich es nicht?

Schauen wir uns einmal an, warum die Wirtschaftskrise da ist. Bereits die ganze Zeit wurde die Krise gelebt, in den Firmen, Banken, Geschäften, überall. So vieles war da und ist jeweils bis zum Jahresende aufgebaut worden. Und wenn es am Jahresende nicht mehr war wie im Jahr zuvor, kam Unzufriedenheit auf anstatt Dankbarkeit für die schöne Arbeit, für alles, was an Zusammenarbeit war. Nein, jedes Jahr musste es mehr sein. Die Spirale dreht sich immer weiter. Das Mindeste ist, etwas Gewinn zu haben, wenigstens ein bisschen. Und für dieses Bisschen mehr wird alle Energie eingesetzt. Wie kann ich dieses Bisschen mehr erreichen?

Es ging nur noch um Geld, Gewinn zu haben, weil der Gewinn, der erarbeitet wurde, nicht genügte. Alles drehte sich in Gedanken um den Gewinn; mittlerweile nicht mehr ausschließlich nur darum, sondern um Arbeitsplätze. Aber warum? Vorrangig war immer erst Gewinn, Gewinn, Gewinn, noch größer, noch mehr Angestellte, noch mehr Mitarbeiter, immer mehr, mehr, mehr. Nur, wie soll dieses Mehr alles aufnehmen? Hier geht es doch wieder um Machstrukturen, größer und besser zu sein als die anderen. Um Machstrukturen, ein Imperium und fälschlicherweise in Gedanken viele Mitarbeiter zu haben. Dabei gilt der Gedanke gar nicht den Mitarbeitern, sondern der Größe, der Macht.

Das ändert sich nun, weil in dieser Einseitigkeit, in dieser Größe und Macht, ein Teil verlorengegangen ist, nämlich der

Teil der Freude, des Gefühls. Die Freude und das Gefühl für die Arbeit sind abhanden gekommen. Der Verstand hatte sich eingenistet, und es ging nur noch um Mehr, Mehr, Mehr. Und aus diesem entstanden Ängste: Wie kann ich das alles noch aufrechterhalten? Es muss mehr, mehr, mehr werden.

Ihr kennt das Resonanzgesetz und das Pendel. Nur die eine Seite gelebt zu haben, bedingt für eine Weiterentwicklung, dass das Pendel irgendwann zur anderen Seite ausschlägt. Ein Pendel kann nicht mehr als sich hochschwingen, bis es nicht mehr weiter geht. Es muss erst wieder in eine andere Richtung gehen, um Anlauf zu holen und dann weiterzukommen.

Ihr lebt noch in dem alten Denken und seinen Gefühlen. Darum versteht, dass für ein noch höheres Schwingen zuerst einmal eine Gegenrichtung nötig ist, braucht eine Rückschau. Das Pendel geht zurück und erlaubt euch diese Rückschau. Und so könnt ihr die Rückseite, die Kehrseite, wieder betrachten. Durch das, was ihr Wirtschaftskrise, Rückgang, nennt, entstehen jedoch neue Einsichten und Impulse. Es macht euch wieder bewusst, worum es wirklich geht. Manchmal ist eine solche Rückschau notwendig, weil wesentliche Dinge in Vergessenheit geraten sind. Der Antrieb war so stark auf Profit und Größe gerichtet, dass es ein Innehalten, ein Zurückgehen braucht, um die wirklichen Werte und Intentionen, die einmal da waren und vergessen worden sind, wieder deutlich spüren zu können.

Finanzkrise, Wirtschaftskrise ist nichts Schlimmes, wie ihr es ausdrückt. Die Erde dreht sich nicht in nur einer Nacht ganz um sich selbst. Sie hält sich immer in Balance mit Tag und Nacht wie ein Pendel – Tag und Nacht. Und die Richtung wird immer wieder ausgeglichen. Wie wäre es, wenn immer nur Tag wäre und die Nacht, die inneren Gedanken, die innere Freude und Leidenschaft, fehlen würden? Ein einfaches Beispiel: Ihr arbeitet 12 bis 18 Stunden am Tag und gebt dem anderen keine Aufmerksamkeit mehr. Dann ist auch die Freude nicht mehr da.

Es geht um die Balance, darum, wieder den Sinn und die Freude im Tun in das Engagement zu integrieren. Ob ihr das jetzt so annehmen könnt oder nicht, die Wirtschaftskrise ist nur zu eurem Schutz da.

Ich komme noch einmal auf das Pendel zurück, das nur in eine Richtung ausschlagen durfte. Die Gefühle, die Achtung und der Respekt des Menschen wurden vergessen. Das Pendel, das ihr euch jetzt vorstellen könnt, hat immer nur in eine Richtung geschlagen. Und jetzt hängt es da und kann nicht weiter. Es könnte im Kreis drehen und oben durchschwingen. Aber wo würde es dann hinfallen? Genau wieder auf die Seite, wo es vorher schon verhaftet war, bis es zur Krise kam. Seid froh, dass das Pendel ausschlägt und euch zeigt, dass es in eine andere Richtung gehen muss.

Seid froh, dass die Wirtschaftskrise euch die Chance gibt, dass das Pendel sich bewegen darf. Wenn es sich mal auf dieser und mal auf der anderen Seite bewegt, ist immer beides gleichzeitig da, und das Gleichgewicht kann sich wieder herstellen. Das wäre sonst lange Zeit nicht mehr möglich.

Zu eurer besseren Vorstellung nehmt doch einmal ein Pendel in die Hand. Wenn ihr kein Pendel habt, nehmt einen Ring und zieht eine Schnur durch. Dann lasst ihr das Pendel einmal auf einer Seite ausschlagen. Schaut dem Spiel zu, wie es sich hin und her bewegt, und ihr werdet verstehen, dass es sich nicht auf einer Seite allein bewegen kann. Genau in diesem Zustand befindet ihr euch jetzt. Jetzt geht es wieder in die Gefühle hinein und lässt euch wieder erkennen, welcher Sinn dahinter ist. Wo ist meine Freude und Leidenschaft dahinter? Wo lebe ich, außer im Erfolg, in Größen und Zahlen, sonst noch?

Die Zeit für euch Menschen ist reif, jetzt wieder einmal auf die andere Seite zu gehen und euch diese anzuschauen. Seid aber beruhigt, wenn ihr euch die andere Seite anschaut, denn das Pendel schlägt und gleicht aus. Seid jetzt darüber glücklich und zufrieden, was auf der Erde geschieht. Seid glücklich und zufrieden über diese Wirtschaftskrise. Seht sie nicht mehr als etwas Bedrohliches, denn die Krise verhindert das Bedrohliche.

Jetzt stehst du also da mit deinen neuen Ideen und möchtest diese wirtschaftlich umsetzen. Hier geht es genau um das Gleiche. Wo sind deine Ideen? Worum geht es bei deinen Ideen? Verstehst du jetzt, was ich meine, in die Leidenschaft hineinzugehen, was du wirklich möchtest? Wenn deine Ideen nur auf Größe ausgerichtet sind, auf Macht und Imperium, schlägt das Pendel sehr schnell zurück.

Wenn du aber den Ausgleich in dir schaffst und die wirkliche Leidenschaft in dein Projekt, in deine Vorhaben einbringst und dabei dich nicht vergisst, deine Wünsche, deine Gefühle, auch deine Gefühle zu deinem Umfeld, zu deinen Mitmenschen und zu deinen Bedürfnissen, wird sich das Pendel gleichmäßig bewegen, und es wird dir an nichts fehlen. Du wirst die ganze Erfüllung, nach der du dich sehnst, finden.

Ihr seid geprägt durch die Ängste aus der Vergangenheit und durch das Muster, das ihr bisher gelebt habt, so gewohnt. Es wurden euch so viele Ängste aufgezeigt – Ängste, den Job zu verlieren, nicht zu genügen oder nicht das Notwendige für euer Leben zu haben. Ihr habt euch nie Gedanken darüber gemacht, wo eure Gefühle und eure Zufriedenheit bleiben. Wo seid ihr glücklich? Ihr habt euch noch nie um diese Dinge geängstigt.

Bisher war es so, dass ihr euch um äußerliche Dinge geängstigt habt, aber nicht um innerliche, die ihr für so etwas aufgebt. Eure Ängste sind nicht die wirklichen Ängs-te. Ihr habt bisher eure Zeit damit verbracht, euch um Ängste im Zusammenhang mit Aufbau, Überleben, Gewinn und Luxus auseinanderzusetzen. Doch wie ihr nun spürt, gehören auch andere Ängste dazu: Verliere ich meinen Partner? Verliere ich mein Umfeld? Verliere ich mich selbst? Was will ich hier noch? Soll das alles sein?

Materielle Ängste hatten bisher Vorrang, und wenn ihr diese jetzt aufgebt, kommen neue Ängste, nicht zu überleben, nicht zu sein, nicht glücklich zu sein, nicht alles zu haben, was ihr braucht. Es ist nur ein Hinweis für euch, euch einmal diese Dinge anzusehen, denen ihr bislang wenig oder gar keine Beachtung geschenkt habt. Sind es nicht auch nennenswerte, wahrnehmenswürdige, bedeutungsvolle Ängste, um die ihr euch auch sorgen, die ihr auch pflegen müsstet? Wer bin ich? Wo sind meine Gefühle? Wie werden sie genährt? Wo sind meine Freuden? Wie werden diese genährt? Wo bin ich glücklich? Wie wird mein Glücklich-Sein genährt?

Das braucht jetzt erhöhte Aufmerksamkeit und ein In-sich-Gehen, um das alles wieder wahrzunehmen. Stellt die anderen Ängste nicht mehr voran, sondern schaut euch eure Ängste an, die, die euch im Inneren betreffen. Findet heraus, was ihr für eure Gefühle braucht, was euch glücklich macht, was euch Ruhe gibt, was euch eine ebenso große Priorität in eurem Leben aus eurem Inneren heraus bedeutet. Und wenn ihr das annehmt und zulasst, schlägt das Pendel wieder gleichmäßig. Es gibt keine Ängste, wenn ihr dort seid. Das Pendel schlägt auf beiden Seiten. Für alles ist gesorgt, auch für Zufriedenheit, Glück, Geborgenheit, Erfüllung, Spaß, Leidenschaft, Verwirklichungskraft, Esprit, den ihr haben und leben wollt, in sämtlichen

Dingen, in jede Richtung. Nehmt das einmal für euch als wahr an. Versucht es nachzuspüren, wie es sich in euch anfühlt, wenn in jeder Richtung, in jeder Hinsicht alles da ist.

☆☆☆

Die Erde

Wir haben von den äußeren Umständen, dem äußeren Umfeld, in dem ihr euch aufhaltet, gesprochen, wie es zu handhaben ist und wie eure Ideen nachvollziehbar werden.

Bisher habt ihr in diesem Außen gelebt und dorthin geschaut. Das Außen, euer Einsatz für die Wirtschaft, ist nun geschehen. ihr habt jetzt gefühlt, worum es geht. Es ist das Innere, das sich nach außen zum Ausdruck bringen möchte.

Dieses Außen ist identisch mit dem Planeten Erde, dem Ort, wo du dich aufhältst. Du trittst im Außen auf eine geografische Landschaft, die du mit deinen Ideen befruchten und ausdehnen kannst. Ich möchte dir damit sagen, dass du im Außen im wahrsten Sinne des Wortes auf die Erde trittst, um alle deine Ideen, all dein Sein zum Ausdruck zu bringen. Und jetzt schau dir einmal diese Erdkugel an, wo ihr im Außen, auf der Oberfläche dieses Planeten, auftretet. Es ist die Manifestation der inneren Ideen.

Auch die Erde hat ein inneres Sein. Stell dir einmal bildlich vor, wie du im Außen auf dieser Erdkugel manifestierst. Was ist mit dem Innen? Die Erde spiegelt dein ganzes Inneres, deine kreativen Ideen, deinen Instinkt, deine Impulse für die Veränderungen, für die Umwandlungen. Doch was ist darunter? Was ist unter deinen Füßen? Ein tiefes inneres Wissen. Dieses tiefe innere Wissen, das in der Erde schlummert, ist auch dein tiefes inneres Wissen, das in dir schlummert und jetzt zum Ausbruch kommen und sich ausdrücken möchte. Es sind Gefühle der Kraft, der Umwandlung, der Veränderung. Gefühle, die sich angestaut haben und sich jetzt Luft und Freiheit verschaffen möchten.

Du stehst auf der Erde. Jeden Tag berühren deine Füße die Erde und sind mit ihr verbunden.

Bisher warst du dir nicht bewusst, dass du mit deinem Inneren verbunden bist, mit deiner inneren Kraft, deinem inneren Wissen, das ebenso mit deinem Selbst an das Universale angeschlossen ist. Genauso ist dein inneres Selbst aber auch an das Ur-Vertrauen, die Ur-Stärke, die Ur-Liebe, die in der Erde verborgen sind, angeschlossen. Diese Kraft ist genauso groß. Nimm sie wahr:

Spüre einmal die Erde, spüre sie. Setze deine Füße fest auf den Boden. Spüre, dass sie wie ein Magnet mit der Erde verbunden sind. Fühle dich sicher und aufgehoben. Gehe in Gedanken mit deinen Füßen tief in die Erde hinein und nimm diese Kraft wahr. Und fühle, dass deine Ideen, die du bis hierher hattest, ein Fundament bekommen, eine Stabilität, eine Verwurzelung.

Die Erde gehört genauso zu dir wie deine geistigen Ideen. Deine Ideen brauchen die Erde und die Verwurzelung, um sich zum Ausdruck bringen zu können. Ich sage dir das deshalb, um dir verständlich zu machen, wie dein Inneres mit neuen Ideen in Aufruhr ist und dass du auf der Erde lebst und dort deine Verwurzelung brauchst.

Die Erde nimmt deine Ideen und deine neue Kraft genauso wahr und möchte sie umsetzen. Du brauchst die Erde dazu, um sie umzusetzen, und die Erde nimmt wahr, worum es geht. Den Aufruhr, den du in dir empfindest, spürt auch die Erde, und sie wird ihn mit dir erleben und dir helfen, etwas Neues zu schaffen. Du wirst deinen inneren Aufruhr im Äußeren und in der Veränderung der Erde erkennen. Du siehst ja inzwischen, wie sich die Erde zum Ausdruck bringt.

Konkret: Wundere dich nicht über Überschwemmungen,

Naturkatastrophen, Vulkanausbrüche, Orkane und alles, was die Erde auch in der nächsten Zeit noch präsentieren wird. Sieh es aber nicht als gegen dich und deine Ideen gerichtet. Es ist nur dein und der innere Aufruhr aller Menschen und Wesen, weil die Erde mithalten muss, damit ihr am nächsten Morgen noch sicheren Boden unter euren Füßen spüren könnt.

Die Erde hat ein Bewusstsein wie du. Sie nimmt dein Bewusstsein auf und spiegelt es dir, mein lieber Mensch. Und jetzt komme ich auf eure ständige Frage zurück: Was kann ich als einzelner Mensch ausrichten?

Die Erde nimmt jeden Einzelnen von euch wahr. Du stehst als einzelner Mensch auf ihrem Boden, und sie nimmt deine Energie wahr. Sie möchte mit dir mithalten und zeigt nur, was in und mit dir geschieht. Also freue dich darüber, dass sich die Erde äußert, weil es die Veränderung in dir und in der Menschheit zeigt.

Auf die Frage, ob ihr die Erde heilen und Heilrituale durchführen müsst, möchte ich eins sagen: Eine Heilung für die Erde gibt es nicht. Es gibt eine Heilung des Menschen in dem Sinn, dass das Heilsein in jedem Menschen wieder präsent ist und er sich in jedem Moment bewusst ist, dass er heil ist.

Das Alte hat sich längst verabschiedet. Es ist nur noch in den Gefühlen und Gedanken der Menschen vorhanden. Es sind Erinnerungen. Das Neue ist bereits präsent, auch wenn ihr es noch nicht in seinem Ganzen seht. Seit einiger Zeit ist eine Liebe auf der Erde, bei der es nicht mehr darum geht, Dinge zu reparieren oder zu heilen, sondern die Liebe des Bewusstseins wieder zu leben. Und diese großartige Liebe ist die Transformation von allem Bisherigen und geht nicht mehr mit Schuldgefühlen und Reparieren einher. Es bedarf dieser bisherigen Einstellungen nicht mehr, weil sie hierfür hinderlich sind.

Das Alte ist vorbei. So, wie ich euch hier immer wieder dazu ermuntert habe, das Neue anzugehen und zu sein, möchte auch diese wunderschöne Erde das Neue angehen und im Neuen sein. Sie möchte nicht mehr mit Altem konfrontiert werden. Also hört auf, etwas gutmachen und die Erde im alten Sinne wieder instandsetzen zu wollen. Hört auf, sie mit dem Alten zu nähren und sie immer wieder damit in Verbindung zu bringen. LIEBES-KRAFT!

Das Neue Zeitalter ist angebrochen, bitte denkt daran. Das Alte ist vorbei. Es ist in der Vergangenheit und in Gedanken noch als Wissen, als Lehre, als Erfahrung verankert. Doch es ist weg, und es reicht, wenn es in Gedanken da ist und sich nun langsam verabschieden kann. Die Erde wird sich wandeln, aber erinnert sie nicht die ganze Zeit wieder an das Alte, so, wie du, mein lieber Mensch, dich auch nicht immer wieder an das Alte erinnern sollst. Es sind Erfahrungen, die du gemacht hast und für die sich die Erde bereitgestellt hat. Und jetzt hört auf damit. Lasst es ruhen und gebt eure Energie in das Neue – das ist die Liebeskraft, die hier beschrieben wird. Es ist die Kraft des Neu-en – die Kraft der Wandlung, der neuen Ideen.

Eine neue Ära ist angebrochen, ein Neues Zeitalter ist da, der Quantensprung ist bereits geschehen. Ihr könnt diesen nicht in euch integrieren, wenn ihr euch weiterhin in Heilungen aufhaltet. Ihr braucht keine Heilung mehr, und wie ich versucht habe zu verdeutlichen, braucht die Erde sie auch nicht mehr. Ich muss das aufgrund der vielen Fragen noch einmal klar her-vorheben: Heilung für die Erde heißt, Neues zu leben, zum Aus-druck zu bringen, dem Neuen eine Energie zu geben. Und das Neue ist die allumfassende Liebe für dich und somit auch für die Erde, für dein Umfeld, für neue Schöpfungen, Inspirationen, für den neuen Start.

Mein liebes Du, du wirst wundervolle Erfahrungen machen, wenn du es jetzt für dich annehmen kannst, die Vergangenheit als wunderbare Erfahrung ruhen lässt und dein Augenmerk und deine Impulse nicht mehr darauf richtest. Wenn du jetzt, sei es in deinem Arbeitsumfeld, in deiner Familie oder wo auch immer, dein Augenmerk auf das Kommende richtest, auf dein neues Sein, deine Wiedergeburt, wird die Erde auch eine Wiedergeburt erleben. Nur so wird es gelingen, nur so!

Verstehst du jetzt, warum ich dich aufmuntern möchte, vorwärts zu schauen, das Neue anzusehen und deine Energie dort hineinzulenken und nicht mehr in das, was war? Es ist vorbei! Es bleibt in deiner Erinnerung als schöne Erfahrung, als schönes Werkzeug, das du teilweise noch einsetzen kannst, teilweise. Jetzt ist der Umbruch da! Also lass das Alte los!

Heile nicht mehr dein vergangenes, zurückliegendes Leben, deine Mitmenschen und die Erde. Neu…neu…neu…Ein neues Leben ist angebrochen, eine Neue Zeit, die noch Spuren des Vergangenen in sich trägt, wodurch du deine Erfahrungen noch mit einbringen kannst, aber nicht mehr als Gültigkeit leben wirst. Alles ist neu! Wenn du dich dafür entscheidest, neue Wege zu gehen, neue Liebe auszuströmen, die Leidenschaft, die du sicherlich in diesen Worten gefühlt hast, wenn du diese Leidenschaft jetzt lebst und einbringst und sie dir jeden Tag gegenwärtig ist, wirst du die Schönheit in dir, in deinem Umfeld und auf der Erde wieder neu entdecken.

Alles ist bereit und wartet darauf, dass auch du, mein lieber Mensch, darauf zugehst. Hab den Mut, und denk an meine Worte. Und wenn du sie morgen nicht mehr weißt, dann lies dir meine Worte noch einmal durch und halte sie dir jeden Tag in dieser Veränderung, in diesem Umbruch, klar vor Augen. Das braucht es, um dich zu stärken, damit du diesen Übergang in das Neue im Vertrauen schaffst.

Nimm dir jetzt einen Moment Zeit für dich. Schließe das Buch bitte und lies zu einem späteren Zeitpunkt weiter. Es geht um einen Moment des Fühlens, des Ankommens bei dir selbst…

Eure Namen spiegeln eure Individualität

Mein liebes Du! Am liebsten würde ich dich mit deinem persönlichen Namen ansprechen, dem Namen, mit dem du in letzter Zeit präsent warst, ihr alle präsent wart. Ich könnte euch jetzt alle erwähnen: Manuela, Ernesto, Ilse, Margrit... alle die wunderschönen Namen. Ich möchte sie nicht alle aufzählen, weil es so viele Namen waren, die sich gemeldet und bereiterklärt haben, das Neue anzugehen und zu leben. Alle diese Namen würden Seiten füllen mit wundervollen Menschen, die verstanden haben, worum es geht.

Namen haben viele Gesichter. Sie sind eure Identität. Jeder von euch hat einen Namen mit einer bestimmten Energie. Und jeder Name hat die Kraft des Ausdrucks seines Selbst, was momentan für diese Zeitepoche, für diesen Quantensprung, gewählt wurde.

Ihr hattet schon unzählige Namen in verschiedenen Zeitaltern. Es sind nur Namen, die aber die Energie ausdrücken, die ihr im Moment eures Erdendaseins leben möchtet. Und jeder eurer Namen bringt zum Ausdruck, was ihr jetzt manifestieren wollt.

Ihr habt es für euch so gewählt. Und diese Vielfältigkeit ist wunderbar, findest du nicht auch? Wenn du dir jetzt anschaust, dass jemand Wolfgang heißt, Brigitte, Erwin oder Lola, dann sieh die Individualität dahinter. Ich will jedoch keinen dieser Namen persönlich ansprechen, es sind nur Beispiele.

Aber genauso hast auch du mit deinem Namen eine Individualität gewählt, die ausdrückt, was du verwirklichen und umsetzen möchtest. Und du bist genau in diese Zeit der Veränderung, der neuen Ideen hineingeboren.

Kein Name ist besser, keine Wahl ist besser als das, was du für dich gewählt hast. Und jetzt nimm dieses an und setze es um. Setze es um mit all deinen Wünschen, Ideen und der Großartigkeit, die es mit einschließt.

So, wie es verschiedene Tiere gibt, hat jedes Tier seine Aufgabe und Verantwortung – wie du. Damit möchte ich dich daran erinnern, dass jede einzelne Gabe, jedes einzelne Detail wichtig ist, eingebracht zu werden, für alles andere da zu sein, und, vor allem: für dich da zu sein. Um dich als das, was und wofür du hier bist, glücklich zu fühlen. Ohne Käfer und Würmer gäbe es keinen Humus und lockere Erde, ohne Tiere gäbe es kein Mitgefühl, ohne Delfine, Wale und Wassertiere gäbe es keine Information der Gefühle. Sieh dich auch als Teil des Ganzen und bringe dich ein mit allem, was dich ausmacht.

Ich, der ich Seth genannt werde, habe mich lange zurückgehalten, mich in eure menschlichen Dinge einzubringen. Ich habe mich zurückgehalten, euch meine Worte zu übermitteln. Doch der Zeitpunkt dieses Übergangs hat in mir das Bedürfnis geweckt, euch meine Botschaften weiterzugeben, ohne Erwartungen, Beeinflussungen, ohne etwas damit bewirken zu wollen.

Meine Eingabe, mich wieder zu melden, ist aus dem starken Wunsch von euch Menschen nach Erklärungen entstanden. Die Suche nach Erklärungen war so stark, dass es mir ein Anliegen war, bei euch zu sein und euch Zusammenhänge zu übermitteln, die für diesen Umbruch sehr dienlich sein können. Ich sage extra „können".

Du hast bis zu diesem Punkt gelesen, und ich wünsche mir, dass es für dich ein wenig dienlich war. Vielleicht kannst du im Moment nicht alles nachvollziehen und für dich annehmen, und die Schwierigkeiten des Umsetzens kommen noch auf dich zu.

Ich freue mich trotzdem, in dir das Gefühl erweckt zu haben, dich wahrzunehmen, dich wieder zu spüren und anzunehmen mit dem, was du bist und ausstrahlst. Ich freue mich, dass du dein Selbst wieder zum Ausdruck bringen und einen Impuls, der sich dir zeigt, umsetzen wirst.

Ich habe dich stark gefordert, und du hast sicher oft vieles als ungewohnt und fremd empfunden. Doch weiß ich, dass alle diese Herausforderungen bei dir etwas zum Klingen gebracht haben, das Früchte tragen wird. Nimm die Gefühle, die du beim Lesen wahrgenommen hast, in dir auf und trage sie mitten ins Leben. Lebe es! Tue es! Und liebe vor allem dich und deine Ideen und Umsetzungsgedanken, die in dir entstanden sind. Fühle dich eins mit dir, dein Selbst zu erfüllen.

Die Brücke

Jeder Mensch stellt mit seinen Ideen, Wunschvorstellungen und Visionen eine Brücke dar. Über diese Brücke gilt es zu gehen, und das meint kein leichtes Schlendern. Ihr Menschen wollt Erfahrungen. Ihr wollt alles erfahren und fühlen, was diese Erfahrungen mit sich bringen, um euch in eurem Sein zu stärken.

Geht diese Brücke, weil sie euch in eurem Selbstverständnis, in eurem Selbstsein, dermaßen stärkt, dass ihr nicht mehr zurückblicken könnt, und das auch gar nicht mehr möchtet, weil das Vergangene für euch keinen Wert mehr hat.

Geht vollständig über diese Brücke, macht eure Erfahrungen auf diesem Steg auf unsicherem Boden und schaut nicht zurück. Schaut nicht zurück! Nehmt es mit als Selbstverständlichkeit von euch, und ich betone noch einmal: als Selbstverständlichkeit von dir selbst.

Diese Brücke hat ein Ziel, und du willst am anderen Ende der Brücke ankommen. Vielleicht stellt sich während deiner Schritte nicht alles so dar, wie du dir das vorstellst. Doch bringt sie dich deinem Ziel, das du gewählt hast, ganz nah, und du erlangst dabei viele Erkenntnisse und findest viele Momente vor, in denen du dich fragst: Soll ich weiter auf der Brücke balancieren, oder soll ich stehenbleiben?

Gehe vollständig über diese Brücke, und du wirst an deinem Ziel, das du dir gesetzt hast, ankommen. Es geht nicht mehr anders. Du kannst das Alte nicht mehr aufrechterhalten. Gehe deinen Weg über die unsichere Brücke und fühle dich dort, wo du ankommst, in deinem Selbst, sicher. Ja, gewinne dadurch die Sicherheit, dich wieder zu spüren, was deine Ideen, deine Intentionen und dein Selbst-Sein möchten.

Gehe über die Brücke. Es ist dein Tun. Aber du musst selbst gehen. Niemand kann dir das abnehmen.

Wenn du am anderen Ende der Brücke angekommen bist, wirst du sämtliche Fragen, die dich noch beschäftigen, beantwortet bekommen. Deine Herausforderung liegt darin, die Sicherheit, den Sinn hinter dem Ganzen, aufzugeben und den Mut zu haben, dort hinüberzugehen.

Wenn du auf der anderen Seite angelangt bist, wirst du den Sinn all dessen dort vorfinden. Du kannst nicht mehr auf die Garantie der Beständigkeit und der alten Sicherheit zählen. Jetzt bist du selbst herausgefordert, als Mensch dieses Vertrauen zu haben und deinen Weg zu gehen. Gehe ihn! Ich werde dich am anderen Ende der Brücke empfangen.

Eure alte Macht zerfällt

Ich komme nicht umhin, gewisse Fragen, die mich besonders während der letzten Tage erreicht haben, noch zu beantworten.

In allen möglichen Darstellungen habe ich bereits viele Antworten mit eingebracht. Aber jetzt, wo wir fast am Ende angekommen sind, tauchen vermehrt Fragen in euch auf, die sich auf die Umsetzung meiner Durchsagen beziehen. Da ich nicht wie ihr an Zeit gebunden bin und die wahrscheinlichen Potenziale der Zukunft ebenso im Augenblick des Sich-Verdichtens wahrnehme, waren eure Fragen bereits bei der Entstehung dieses Werkes präsent.

Und ihr habt viele Fragen, die sich um Details drehen, mehrheitlich jedoch auf eine gemeinsame Essenz zurückgehen. Diese Essenz möchte ich nun noch einmal übermitteln:

Ja, du bist jetzt an dem Punkt angekommen, an dem du dich selbst spürst und dein eigenes Selbst wahrnimmst. Wundervoll! Liebe dich dafür und nimm dich in die Arme. Für das, was du geschafft hast, für das, was du in dir hast aufleben lassen, für das, was du in dir zum Erblühen gebracht hast.

Wenn dir auch das Umfeld im Moment etwas anderes spiegelt und deine Gefühle, deine Wahrnehmung des Neuen, noch nicht ganz aufnehmen kann, bleib einfach dabei.

Ursprünglich wollte ich nicht über diese Dingen sprechen, sondern mich auf die Liebeskraft fokussieren. Aber in diesem Moment möchte ich dir sagen, dass die Liebeskraft ebenso darin besteht, die Menschen auch mit ihren unbewussten Unzulänglichkeiten, so anzunehmen, wie sie sind, und mit dem Neuen in Kontakt zu bringen, ohne Erwartung und Bewertung.

In eurer Welt, in der es noch um Machtstrukturen, um das Aufrechterhalten der alten Dinge geht, ist ein letztes Verabschieden angesagt. Ich wollte jetzt nicht sterben sagen, aber im Prinzip geht es darum.

Menschen bäumen sich um dich herum auf. Es sind diejenigen, die das Alte, ihre Struktur und ihr Wissen aufrechterhalten möchten. Sie sehen aber bereits, dass da noch etwas anderes ist, etwas Neues, das sie nicht ergründen und erfassen können. Diese Machtstrukturen haben bisher das ganze Leben auf der Erde, so auch in der Politik und in der Wirtschaft, bestimmt. Und Macht war das Größte, worum es ging.

Jeder will seine Struktur, sein Erschaffenes aufrechterhalten. Und wenn du dir das genau anschaust und überdenkst, erkennst du dahinter, dass jeder Mensch einfach nur eine Idee hatte, die er verwirklicht haben wollte. Und jetzt bröckelt alles, bröckelt alles.

Vehement wird versucht, alte Machtstrukturen zu erhalten, das Alte nicht untergehen zu lassen. Das eigene Projekt will nicht untergehen, und es würde nicht untergehen, wenn die neuen Ideen, von denen ich hier gesprochen habe, mit einbezogen, angenommen und integriert würden. Menschen, die das Alte beibehalten wollen, stehen jetzt vor dieser Herausforderung.

Es war wundervoll, was die Menschen erschaffen haben, das möchte ich betonen. Sie haben einen Weg gewählt, der ihren Intentionen und ihnen selbst entsprochen hat, so, wie du JETZT deinen neuen Weg gehst und deinem Neuen entsprichst.

Das ist die Antwort auf deine Frage, warum alte Strukturen, bisherige Erfahrungen und Wissen Gültigkeit haben. Wenn sich diese Gültigkeit jedoch nicht mehr weiter ausdehnt in das Neue Zeitalter, in dem ihr euch nun befindet, ist große Veränderung angesagt.

Ich möchte hier noch weiter einhaken. Die Finanzkrise, über die wir gesprochen haben, ist daraus entstanden, weil an den alten bisherigen Erkenntnissen festgehalten wurde: So und so funktioniert es, so und so geht es. Aber es funktioniert eben so und so **nicht** mehr.

Ihr könnt alle eure alten Werkzeuge hervorholen, die ihr bisher benutzt habt. Ihr könnt alles einsetzen, was euch an Wissen bisher gedient hat. Doch wenn ihr das Neue nicht berücksichtigt und das neue Zeitalter, die neue Epoche, die neuen Ideen der Unabhängigkeit und Freiheit nicht erkennt und einsetzt, verabschiedet ihr euch auch vom neuen Zeitalter und vom neuen Bewusstsein.

Dann ist es eure Entscheidung, das 20. und 21. Jahrhundert in Anspruch genommen zu haben und damit zu beenden.

Der Mensch, der sich zum Ausdruck gebracht und etwas Neues erschaffen hat, fühlt sich darin bestätigt. Er ist ein großer Wegweiser für das, was die Menschen bewegt, was sie kreieren, was sie sein und in sich fühlen möchten. Jeder Mensch strahlt solch eine Intensität aus, hat eine Leidenschaft und schafft dadurch Neues.

Und jetzt gibt es Menschen, die aus dem Nichts mit dieser Leidenschaft etwas erarbeitet haben, ohne Studium oder Referenzen, auf die ihr ja immer so besteht. Sie haben auf diesem Weg etwas zum Ausdruck gebracht und sprechen damit alle Menschen an. Da hinterfragt ihr auf einmal nicht mehr: Wo ist das akademische Studium, wo ist der Hintergrund von Jurawissenschaft, wo ist das Wissen irgendwelcher Ausbildungsgänge mit Abschlusszertifikaten? Und dennoch erreicht euch ihre Botschaft in ihrer Gültigkeit und Wahrheit.

Jeder Mensch hat diese Gültigkeit und Wahrheit, mit oder

ohne Studienabschluss, Berufsabschluss oder dergleichen. Diese Abschlüsse spielen keine Rolle mehr, sie erweckt wohl aber eure Botschaft, die ihr übermittelt. Interesse und Liebe, eine Liebe, die in euch steckt und euch fühlen lässt, zu Hause angekommen zu sein, wonach ihr euch so sehr sehnt?

Das Wissen, das bisher gegolten hat und das die Menschen für sich in Anspruch nehmen und nachvollziehen möchten, spricht euch nun nicht mehr an. Ich sage das ganz deutlich. Es hat euch eine Zeit lang beruhigt, euch Geborgenheit gegeben. Und jetzt spürt ihr, dass dieses Wissen eurem Selbst nicht mehr entspricht, weil es eine gewisse Struktur beinhaltet und ihr diese übernehmen müsstet, um euch weiterhin aufgehoben und geborgen zu fühlen.

Dein inneres Selbst meldet sich jetzt, und du spürst, dass es geboren werden muss und sich nicht mehr in den bisherigen, so wohltuenden, angenommenen Strukturen zum Ausdruck bringen möchte.

Es wird vieles bewegen, wenn du das für dich annimmst. Es wird viel bewegen, und du wirst herausgefordert werden, dir treu zu bleiben, deine Impulse und deine Instinkte nachzuvollziehen. Strukturen des Festhaltens am Alten, der Freiheit, der Unabhängigkeit und der Ungebundenheit werden noch eine Weile versuchen, bestehen zu bleiben und so tun, als ob es das Neue noch nicht gäbe.

Ich sage dir: Ich freue mich, dass ich dir diese meine Botschaften übermitteln durfte. Und ich sage dir: Bereits in den nächsten zwei Jahren eurer Zeitrechnung wirst du in dein Vertrauen kommen und das, was du fühlst und in dir wahrnimmst, erleben. Ich möchte keine Angstmacherei betreiben, ich sage nur: Lebe dich! Ich möchte dir nur dein Ziel und deinen Weg aufzeigen und die Frage beantworten, die du in dir trägst: Was wird sein?

Die anderen Menschen, die noch in den alten Strukturen verhaftet sind, werden in dieser Zeit auch ihre Erfahrungen machen und sich auf das Neue zubewegen.

Du bist nicht allein

Mein lieber Mensch, du hast meine Botschaften bis hierhin gelesen und viele Eindrücke und Impulse aufgenommen, die dich absolut in Aufruhr gebracht und sich dir als neue Betrachtungsweise dargestellt haben. Wenn sich dir Fragen stellen, dann schlage das Buch spontan auf, und du wirst Antworten erhalten.

Es war viel, was du an neuen Erkenntnissen und Betrachtungsweisen zulassen musstest. Zulassen – ich habe dich aufgefordert, dir Neues anzuschauen, und es war viel für dich. Wenn du jetzt an diesem Punkt bist, dort weiterzumachen und es für dich anzunehmen, wenn du die Kraft in dir spürst und fühlst: Ja, ich bin bereit –, dann bist du angekommen in deinem Lebenssinn, in deiner Lebensaufgabe, die sich dir weiter zeigen wird. Es wird dir das Neue bringen, die Freiheit, die Unbegrenztheit, die Erfüllung – all das, was du dir immer ersehnt hast.

Ich weiß, dass du dich von deiner Vergangenheit, von deinem bisherigen Leben her noch fragst, ob alles richtig ist und Sinn macht.

Ich bin da, wir sind da, ohne irgendein Guru-Gehabe, wie es derzeit noch oft vorzufinden ist. Wir sind einfach da, und du bist da, die Neue Zeit, das neue Leben, das neue Bewusstsein, die neue Freiheit zum Ausdruck zu bringen. Dieses neue Dasein muss ich dir jetzt näher erklären. Es geht nicht um das, was du bisher darunter verstanden haben magst. Es geht nicht um Abhängigkeit im Neuen, nicht um eine neue Zugehörigkeit zu einer Vereinigung, sondern darum, dich in deinem Sein, in deinem Selbst, in deinem wunderbaren Menschsein mit dem, was du mitbringst, zu unterstützen. Du hast Sorge, wenn du jetzt deine bisherige, gewohnte Welt verabschieden würdest, wärst du allein. Aber das stimmt nicht. Wenn du die Entscheidung getroffen hast, für dich, dein Bewusstsein, deine Ideale und deine Wünsche einzustehen, bist du nicht allein. Du bist es gewohnt, Materielles und Menschen greifbar vorzufinden, die dann aber in dem Moment, wenn es darauf ankommt, gar nicht da sind. Wir sind ungreifbar, und wenn ich von „Wir" spreche, spreche ich ebenso von dir, von deinem Sein mit deinen Wünschen, Ideen, deinem Unfassbaren und Untastbaren. Es sind auch die geheimen Wünsche, die niemand außer dir kennt, die aber in dir Gewissheit sind, so, wie deine neuen Ideen, deine neuen Eingebungen, die du umsetzen möchtest. Deine Lust und Freude, etwas Neues zu kreieren sollen oberste Präsenz und Priorität haben.

Du hast immer noch Ängste bezüglich dessen, was dein bisheriges Leben geprägt hat, wie es sein sollte. Doch das gibt es nicht mehr. Es gibt nur noch deine Lust und deine Leidenschaft, dich in das Neue einzubringen.

Seht das Ganze

Ihr Menschen setzt bewusst Samen in die Erde, baut Kartoffeln und anderes Gemüse an, damit etwas gedeihen kann. Mit Freude seht ihr dem Wachstum zu, erntet und genießt die Früchte, wenn sie reif und für euer Empfinden groß genug sind. Ihr erfreut euch dann mit großem Genuss daran, dieses Gemüse zu verzehren.

Gemüse hat auch ein Bewusstsein. Hier komme ich wieder auf die Erde zurück. Gemüse entsteht aus der Erde und dient euch, um euch zu ernähren. Selten habt ihr euch gefragt: Töten wir dieses Gemüse eigentlich? Bringen wir es um, um es dann zu verspeisen? Töten wir es vielleicht bei lebendigem Leib, wenn wir es zerkauen?

Gemüse wächst als natürliches Element in und auf der Erde. Ich möchte euch damit vermitteln, dass auch Gemüse ein Bewusstsein hat, und dennoch möchte ich euch nicht davon abhalten, Gemüse zu essen.

Wenden wir uns in diesem Zusammenhang den Tieren zu. Tiere existieren ebenso, und manche haben ein vielleicht höheres Bewusstsein als Menschen. Könnt ihr euch vorstellen, dass auch Tiere ihr eigenes Bewusstsein haben, wie sie ihr Wachstum lenken? Es gibt Tiere, die wirklich ein höheres Bewusstsein als Gemüse haben. Diese Tiere dienen als gute Freunde, schenken euch Aufmerksamkeit und Liebe, die auch in totaler Unschuld weitergegeben werden kann.

Es gibt aber auch Tiere, die sich, wie Gemüse, gewählt haben, einfach da zu sein und euch als Nahrung zur Verfügung zu stehen, mit vielen Inhalten, Informationen und liebevollen „Gedanken" für die Menschen.

Es gibt unter euch Menschen viele Vegetarier und Veganer, die es ablehnen, Fleisch zu essen. Das ist zu respektieren, aber untersucht doch einmal in euch, warum ihr kein Fleisch essen wollt. Ist es vielleicht die Kraft, die euch fehlt, etwas anzugehen? Ist es vielleicht Resignation, die ihr in euch fühlt, in dieser Welt noch zu existieren? Vielleicht habt ihr euch auch verrannt in Tierliebe und nicht mehr gesehen, dass es Tiere gibt, die Menschen ernähren möchten und sich dafür zur Verfügung stellen.

Wenn ihr Menschen keinen Kult mehr aus einem Thema machen, es nicht mehr aufbauschen könnt, dann sucht ihr ein anderes, in das ihr eure Energien einbringen könnt, einen anderen Kult. Es gibt keinen Kult. Den erschafft ihr selbst. Vielleicht findet ihr, dass ich jetzt übertreibe, aber es ist so.

Nehmt doch einfach das Leben so an, wie es ist, und die Gegebenheiten so, wie sie sind. Und ich gehe noch weiter: Ihr dient doch auch einem anderen Menschen oder euch selbst so, wie jede Pflanze und jedes Tier jemandem dient. Und ihr habt ein noch höheres Bewusstsein. Fragt euch jetzt selbst, wo ihr euer Bewusstsein hingeben und sich entfalten lassen möchtet.

Seht die Dienlichkeit der Pflanzen, die euch ernähren und für euch da sind und sich einfach nur erfreuen, zu blühen, um euch dann zu nähren. Wenn ihr euch nicht davon ernährt, sterben sie dennoch. Mit den Tieren ist es ähnlich. Sie freuen sich, dem Menschen ihre Zuneigung und Aufmerksamkeit zu schenken. Und andere Tiere freuen sich, ihre Erfüllung darin zu finden, dem Menschen gedient und einen Genuss bereitet zu haben. Bewertet es nicht.

Ihr Menschen seid das höhere Bewusstsein, das die Erkenntnis über diese Dinge hat. Du als Mensch bist genauso eine Ausdehnung deines Selbst im Dienst des Ganzen und in Leichtigkeit. Du kannst alles, was ich zu Pflanzen und Tieren gesagt habe, infrage stellen. Damit stellst du dich jedoch selbst infrage, weil du genau dieselbe Bedeutung hast, nur auf einer anderen Ebene.

Jetzt lösen sich hoffentlich deine Fragen über Naturgewalten, Tiere, Tierhaltung und dich selbst auf. Nimm es so an, wie es sich präsentiert, und nimm für dich an, was du tun möchtest, weil es der Weiterentwicklung, den Menschen und dem Ganzen dient.

Ihr Menschen fragt euch, wo ihr jetzt steht: Wie soll es weitergehen? Ihr klammert euch an gewisse Dinge und Umstände, die euch das Umfeld präsentiert. Ihr möchtet mithalten, um euch weiterhin lebendig zu fühlen.

Am Beispiel der Pflanzen könnt ihr vielleicht endlich verstehen, dass es um das Verständnis geht, das Ganze wahrzunehmen und zu sehen. Ihr Menschen hängt euch gerne an gewissen Details auf, haltet euch in der Ohnmacht auf, weil ihr das Große Ganze außer Acht gelassen habt. Ihr hofft nur noch auf die Erlösung eures Seins und eures Selbst, und es soll sich euch präsentieren. Und ich präsentiere euch jetzt diese Geschichte.

Der Ursprung für euer Bewusstwerden liegt in dem, dass ihr zwar das Ganze seht, aber zunächst bei dem Kleinsten anfangt, so, wie wir es hier getan haben. Beginnt bei den Samen, die ihr aussäht, und bei dem, was sich dann entwickelt, welche Pflanzen daraus entstehen.

Übertragt das auf alles in eurem Leben, auf die ganze Erde, bis ins Universum. Schaut euch dieses Große einmal an. Und nun haltet wieder Rückschau bei euch selbst.

Schaut euch auch an, wie ihr mit den Tieren umgeht, sie manchmal verpäppelt wie ein Kind, weil ihr euch selbst wie ein Kind aufführen und fühlen möchtet. Schaut euch das an.

Werdet klar in euch und entschuldigt nicht alles mit der Umwelt, die sowieso alles vergiftet. Oder mit den Tieren, um die ihr euch aufopfernd kümmert und euren besten Freund darin findet, weil ihr ihn in euch selbst nicht gefunden habt. Schaut euch das alles an und wacht auf!

Erwacht endlich! Das ist der letzte Punkt und der letzte Moment. Es ist vorbei. Seht dann einmal, was noch da ist. Keine Dogmatismen mehr von Richtig und Falsch! Keine Dogmatismen mehr von euren eigenen Vorstellungen! Von Vorstellungen wie bei dem Beispiel Tierhaltung. Es sind eure Vorstellungen, es ist eure Wahrheit, aber nicht die der Allgemeinheit. Seid euch dessen bewusst. Es ist nur euer Thema, nicht zu erkennen, wie ihr euch selbst haltet, wie ihr mit euch selbst umgeht.

Mit dem Weltgeschehen ist es ähnlich. Ihr schaut es euch an oder lest es und bewertet es in Gut und Schlecht, überseht jedoch, wie diese großen Zusammenhänge sich im Detail bei euch selbst darstellen, nur auf andere Weise.

Wenn ihr das Große anschaut, schaut ihr stets in einen Spiegel und habt dadurch die Chance, euch im Kleinen zu erkennen. Seht es einmal so.

Danke

Mein lieber Mensch, wie du dich nennst, ich weiß gar nicht mehr, wie ich dich mit deinem Namen ansprechen soll. Ich kann auch nicht mehr sagen: mein liebes Du, wie ich es häufig hier getan habe. Von diesem Moment an möchte ich dich ansprechen mit: mein liebes ICH! Mein liebes ICH, ICH fühle mich wieder, ICH BIN wieder da. Durch alle diese Worte, die Freisetzung von Energien durch dein Lesen und Verinnerlichen, spreche ich dich jetzt als liebes ICH an.

Mein liebes ICH! Du weißt schon lange, dass alles, was ich dir jetzt erzählt habe, eine Erzählung deines eigenen Ichs ist und dass DU es BIST. Dass du es bist in deiner Essenz. Du fühlst es, du nimmst es wahr. Doch erlebst du es in deinem Umfeld, in deinem täglichen Leben nicht so. Aber du fühlst es. Du fühlst so stark, wer du bist, die Kraft, die in dir steckt, die Liebe, die in dir steckt, die Liebe zu dir. Bisher hast du andere Menschen geliebt, vielleicht Tiere, Pflanzen oder die Gegebenheiten, die sich spiegeln .Aber jetzt fühlst du die Liebe zu dir, zu deinem Sein, zu deiner Aufgabe, die du für dieses Dasein gewählt hast.

Das Wort Aufgabe beinhaltet Aufgabe des Alten, der Erwartungen, der bisherigen Normen, um dich selbst zu finden, zu lieben und da zu sein, wo du bist: Du bist angekommen. Sieh dich an. Sieh dich einmal an, dieses wunderschöne Wesen. Ich weiß, du hast dich bereits angeschaut. Sieh dich an, liebe dich. Schau in dein Spiegelbild und liebe dich für das, was du hier erfüllst und wofür du hier bist. Liebe dich für alle diese Erfahrungen, die du dir gewünscht hast, um hier zu sein. Du bist jetzt hier. Danke dir einmal dafür, dass du hier bist und diese Erfahrungen machen wolltest. Und danke dir dafür, dass du nun diesen Übergang, diesen Übertritt, diesen Quantensprung in das neue Bewusstsein machen möchtest. Du bist nicht umsonst gerade jetzt hier. Du bist jetzt hier, weil du den Bann des Alten loswerden und das Neue für dich in Anspruch nehmen und leben möchtest. Danke dir dafür, dass du für dich diesen großen Meilenstein gewählt hast und sich dieser jetzt in diesem deinem Leben präsentiert. Auch wenn es sich undurchsichtig und nicht greifbar anfühlt, wie du es gewohnt bist, bist du doch dort angekommen, das Alte zu beenden und mit dem Neuen zu beginnen. Ich bin bei dir. Die universelle Familie ist bei dir. Die Liebe zu dir ist da. Vertraue in dich! Tue es!

Liebeskraft

Liebeskraft bedeutet auch, die Kraft zu haben, das Erfahrene, das Bewusstsein zu den Menschen zu bringen, obwohl es bequemer wäre, es für sich alleine zu leben und sich darin auszuruhen. Doch jetzt ist die Zeit für euch angebrochen, diese Liebeskraft, die ihr in eurer Zeit des Einfindens ins Ganze in euch erweckt habt, zum Ausdruck zu bringen. Es ist darin enthalten, dass ihr euren Lebensplan und eure Aufgabe jetzt den Menschen zur Verfügung stellen dürft. Und dazu spreche ich nun zum Schluss noch die Worte, die auch mein persönliches Wesen mit einschließen:

Ich, Seth, habe meine früheren Durchgaben durch dieses Buch wieder aufgenommen, jedoch in einer anderen Form und in einer neuen Verfassung, dem neuen Bewusstsein, den neuen Gefühlen, dem neuen Umbruch angepasst. Ich habe mir dazu zwei Menschen ausgesucht, die dieses für mich darstellen und umsetzen können, weil sie dieses neue Bewusstsein mit diesen Gefühlen sind.

Ihr Lieben, viele werden dieses Bewusstsein für sich annehmen und Vertrauen in das Neue fassen. Es wird auch Menschen geben, die sich in ihrer Machtstruktur und in ihrem Sein nicht verstanden fühlen und das Geschriebene für sich nicht wahrnehmen möchten. Alles ist absolut in Ordnung. Jeder geht seinen Weg. Doch für die Menschen, die erkannt haben, worum es wirklich geht, bin ich glücklich und froh, dass diese Zeilen sie erreichen.

Viele halten sich in Wunschträumen auf, die für sie eine heile Welt darstellen. Ich hoffe, dass durch diese Zeilen in dir die Erkenntnis angekommen ist, dass die heile Welt so ist, wie sie ist, und dass du auch die heile Welt in dir findest, dadurch, dass du dich selbst erkannt hast, und ebenso erkannt hast, dass alles eins ist und dem anderen dient.

Dieses Buch ist so ausführlich und mit so vielen Energien geladen von all unseren Helfern und Sichtweisen, die hier auf der anderen Seite existieren.

Die andere Seite bist auch du. Und du bist genauso eine Hilfe und Sichtweise, und wir erkennen diese, obwohl du sie im Moment noch nicht erfassen kannst. Wir sehen dein Du nicht als übergeordnete Wissensquelle, sondern mit dir und deinem Selbst verbunden, weil du mit allem verbunden bist. Wir sind nur die Übermittler, die Brücke, die euch das aufzeigen, was ihr für euer Leben im Moment verschlossen habt.

Bezüglich Übermittler und übergeordnet möchte ich zum Schluss noch etwas klarstellen: Dieses Buch stellt genau das dar, was IHR SEID, die MULTIDIMENSIONALITÄT eures Wirkens, eures wirklichen Seins.

Wenn meine Botschaften bewirken, dass ihr euren eigenen Weg geht und euch für euer Selbst öffnet und für alles, was sonst noch vorhanden ist, habt ihr jeglichen Zugang zu allem.

Ich möchte meine größte Anerkennung jetzt noch Bettina und Ralph aussprechen, die euch aufzeigen, wie der Zugang zu allem sein kann, egal, wer zu euch spricht, egal, wer gerade präsent ist. Der Zugang zu allem ist immer da, wenn ihr euch wieder in euch eingefunden habt. Auch du bist das, auch du hast jeglichen Zugang zu allem, was du dir wünschst, wenn du dich frei machst und dein Inneres wahrnimmst und lebst.

Eine herzliche Umarmung in großer Liebe und Hochachtung für dein Leben,

dein SETH

Anhang

Das Buch schließt ab mit Nachworten multidimensionaler Persönlichkeiten aus der Geistigen Welt: Tobias, Saint Germain, Kuthumi und Kryon.

Tobias

Ich bin Tobias. Einige Menschen kennen mich näher, da sie bereits Kontakt mit mir aufgenommen haben. Aber die meisten wissen noch nicht, wer ich bin, welche Funktion ich habe und was ich für die Menschen darstelle.

Ich bin kurz davor, in eure Realität wieder einzusteigen und ein Menschenleben anzunehmen. Vieles von dieser Seite, auf der ich mich noch befinde, was auch ein Teil eurer Seite ist, ist schon mitgeteilt worden und in den letzten Jahren als Information zu euch geflossen. Es ist mir ein Bedürfnis, mich noch kurz, bevor ich mich zu euch geselle, durch diesen wunderbaren Kanal zu melden. Diese Zeilen erwecken in vielen Menschen ein Geborgenheitsgefühl und geben ihnen ein Vertrauen für den Sinn ihres Lebens.

Es ist mir ein großes Bedürfnis, noch einige Schlussworte zu sagen, weil auch ich irgendwann dieses Buch in die Hände bekommen, es lesen und mich aufgehoben und geborgen fühlen werde. Es ist mir ein Bedürfnis, weil es auch mir dienen wird, wenn ich auf der Erde bin und nach Antworten auf meine Fragen suche. Und das wird schon bald sein. Ich werde schon in den nächsten Jahren nach diesen Antworten suchen. Deshalb ist es mir noch ein Anliegen, mein Wort mit einzubringen und mich dann wieder daran zu erinnern, was die Neue Zeit,

*das neue Bewusstsein beinhaltet, und worum es in dieser tur-
bulenten Zeit wirklich gehen wird.*

*Die Botschaften beinhalten so viel Essenz, so viel Liebe,
so viel Wahrheit über und für das neue Zeitalter, und ich freue
mich, wenn ich bei euch bin, diese für mich als Bestätigung und
Erinnerung vorzufinden.*

*In großer Vorfreude auf mein nächstes Leben und auf die
Menschen, die mir begegnen werden, verabschiede ich mich
jetzt.*

Euer Tobias

Saint Germain

Ich bin es, Saint Germain.

*Viele von euch kennen mich, weil ich euch schon eine lan-
ge Zeit begleite und Informationen weitergebe, die euch dienlich sind.*

*Das Goldene Zeitalter ist längst im Gange, und der Ent-
wicklungsprozess neigt sich dem Ende zu, um dann mit dem
Neuintegrierten dieses neuen Zeitalters zu wirken.*

*Ihr kennt mich als sachlich und klar. Deshalb möchte ich euch
auch sachlich und klar mitteilen, dass diese Informationen für
euch ein großer Wegbegleiter in das letzte Stadium des totalen
Bewusstseins sind. Ich möchte ganz klar zum Ausdruck bringen,
dass sie der reine Kanal zum allumfassenden Schöpfertum sind.*

*Von all dem, was ich euch in meinen Büchern erzählt habe,
habt ihr jetzt ein Werkzeug in Händen, wodurch all das für euch
umsetzbar, nachvollziehbar, integrierbar wird und gelebt werden kann.*

Ihr kennt mich als Kompetenz ohne Kompromisse und mit größter Klarheit, die unsere und eure universelle Weisheit beinhaltet.

Ich freue mich speziell über die aufrüttelnden, unnachgiebigen, wiederholenden Aufforderungen an euch Menschen, die in diesen Zeilen manifestiert sind. Genau diese Eingaben haben viele von euch nicht so geliebt, weil sie euch auffordern, in die Tat, in das Umsetzen zu gehen. Viel einfacher ist es, in der Bequemlichkeit des Ausruhens, der Gleichgültigkeit zu verharren.

Genau diese vehementen, eindringlichen Eingaben haben mich dazu bewogen, hier einige Worte beizutragen. Ihr kennt mich, ich liebe Konkretes und authentische Wahrheit. Jeder hat seine eigene Wahrheit, wir sprechen hier jetzt von der universellen, urgöttlichen Wahrheit, die in dir steckt und die wir alle gemeinsam wieder in euch Menschen und auf der Erde integriert sehen möchten. Ja, wir möchten das sehen!

Wenn ich von „wir" spreche, mein ich uns Helfer aus den geistigen Reichen, die ihr euch für diesen Zeitraum zur Unterstützung im neuen Zeitalter ausgewählt habt.

Wir sind Helfer, ja, und wir sind da! Zweifelt nicht daran, es gibt uns. Wir sind Helfer auf der geistigen Ebene, die euch in dieser schwierigen Zeit, in der ihr den Mut hattet, wieder in das Erdendasein einzusteigen, in gegenseitiger Abmachung unterstützen.

Du fühlst doch sicher in diesem Moment, dass du nicht alleine bist. Und du bist nicht alleine! Gerade DU, der du diese Zeilen liest, kannst jetzt darauf vertrauen, dass du mit deiner Entscheidung, diesen Weg zu gehen und ihn für dich anzunehmen, auf dem richtigen Pfad deiner Erinnerung, deiner Rückfindung bist.

Ich freue mich, dass dieses Buch in großartiger Zusammen-arbeit von vielen, aber vor allem durch unseren lieben Mithelfer und Freund Seth und Bettina und Ralph entstanden ist. Es ist ein gemeinsames Werk, das alles beinhaltet – universelle Ge-setze, irdische Gesetze und Wahrheiten sowie das Wichtigste: die größte Liebe zu dem, was ist und sein wird.

Nehmt es für euch als neuste Informationen und Unterstüt-zung im neuen Zeitalter und lebt danach.
Ich, Saint Germain, unterschreibe voller Freude mit eigener Handschrift das Geschriebene, so, wie ihr es auf der Erde nach euren Gesetzen kennt.

Herzenskraft, wunderschön!

In Herzenskraft,
euer Saint Germain

Kuthumi

Tja, nach meinem lieben Freund Saint Germain möchte ich mich auch noch kurz zu Worte melden.
Mein lieber Freund Saint Germain, ich danke dir, dass du die klaren Worte gesprochen hast, so muss ich das nicht mehr tun.
Ich, Kuthumi, wie ihr mich nennt und kennt, möchte auch noch meinen Senf dazugeben, einen süßen, liebevollen Senf in einem wunderschönen Lindgrün, einem leuchtenden Grün, ein Grün der Hoffnung, der Unbeschwertheit und der Leichtigkeit, wie eine frische Tauwiese im Frühling unter deinen Füßen. Und du hüpfst voller Leichtigkeit daher.

Nach den klaren Worten von Saint Germain, die du in dir manifestieren und integrieren darfst, bleibt es mir noch mitzuteilen, dass du auf dieser frischen Wiese im samten Grün in aller Frische und mit herrlichen Düften nun deinen neuen Weg beschreitest. Diese neue Entwicklung deines Selbst mit der Stabilität und Sicherheit und deines Gewahrseins, wer du bist, darf, kann und soll ganz leicht vor sich gehen.

Ich, Kuthumi, klopfe dir jetzt freudvoll auf die Schulter und gebe dir fast einen Schubs in die grüne Wiese hinein. Wenn du auch auf die Nase fällst, riechst du diesen neuen Duft, diese neue Kraft, und fühlst du auch die Liebe, die sich darin entfaltet und wie du dich mit Leichtigkeit wieder erheben und auf dieser feuchten, glitzernden, duftenden Wiese den nächsten Schritt machen kannst. Es liegt an dir. Verlasse den Betonpfad, diesen steinernen Pfad, der holprig, steinig und ungemütlich ist und auch nur derartige Gefühle in dir erweckt.

Wenn du dich auf deinem neuen Weg immer wieder auf diese duftende, weiche Wiese begibst und die Freude und Leichtigkeit barfuß wahrnimmst, wird sich dein Leben in Zukunft ebenso präsentieren und sich in deinen Gefühlen so wahrnehmen lassen.

Auf dieser grünen Wiese gibt es auch mal ein Steinchen, das piekst. Doch denke dann an meine Worte und fühle meine Hand, wie sie dir auf die Schulter klopft und ich dir sage: Hey, ein Schritt weiter, da ist es weich. Fühle die Leichtigkeit und die Weichheit. Du brauchst dich nicht mehr zu piek sen. Ich liege ein paar Meter weiter vor dir und empfange dich mit meinem breitesten Grinsen und größten Lächeln voller Leichtigkeit.

Danke für dieses Buch, das für die Menschen manifestiert worden ist.

Ich grüße euch Menschen mit meiner Leichtigkeit und Sorglosigkeit, die ich euch übergeben und mit denen ich euch anstecken möchte.

Aus Universikum,
Kuthumi

Kryon

Ich bin Kryon, der schon viele Bücher geschrieben hat über den Istzustand eures Lebens hier, über den Istzustand dessen, was geschieht und sich weiterentwickeln möchte. Meine lieben, Freunde, die ich euch schon so lange begleite und die ihr mich begleitet mit euren Fragen und Anstößen, ich heiße euch herzlich willkommen.

Ich habe euch so viele wissenschaftliche und zukunftsorientierte Sichtweisen mitgegeben und möchte es nun nicht auslassen, hier noch einige Worte zu übermitteln.

Vielleicht hast du meine Bücher bereits gelesen, und ich freue mich, dass es jetzt ein weiteres Buch gibt, das dich in das Verständnis hineinführt, dass du nun die Informationen, die ich gegeben habe, umsetzen und ins Leben einbringen kannst. Es gibt genügend Inhalte und Passagen, wo mein lieber Freund Seth so wunderbar einfühlsam darauf eingegangen ist, all das nachfühlen und umsetzen zu können.

Deshalb freue ich mich so enorm über die Botschaften hier, weil sie konkrete Gefühlsumsetzungen in sich tragen.

Die hier enthaltenen Durchsagen enthalten einen großen Schlüssel, wie ihr es nennt, eine Aufschlüsselung.

Wenn ihr sie aufmerksam lest und nicht nur überfliegt, son-

dern in die Essenz hineingeht, dann erhaltet ihr viel Hilfe zur Selbsthilfe, diese umzusetzen. Sie bringen euch in die Gefühle und wie ihr das Ganze leben und umsetzen könnt.

Wenn du diese Zeilen verinnerlicht und angenommen hast, wirst du die Antworten und Ideen und das Wissen immer wieder in dir finden.

Ich werde weiterhin meine Bücher schreiben und meine Ideen einbringen, doch wirst du sie mit einem anderen Verständnis annehmen. Du wirst nicht mehr nach Antworten suchen und dich nicht mehr alleine fühlen. Und du wirst in deinen Vorhaben bestärkt sein.

Ich freue mich außerordentlich, dass so viele an diesem Werk mitgewirkt haben, um euch zu ermöglichen, das neue Zeitalter bewusst anzunehmen, zu leben und in die eigene Präsenz zu bringen.

Deine eigene Präsenz ist der Leuchtturm, von dem ich in den vergangenen Jahren gesprochen habe. Vertraue auf dich und die neuen Botschaften, die du erhalten hast und die ein Teil von dir geworden sind. Dann bist du bereits ein Teil der Neuen Zeit, ein Teil des Ganzen, deiner Wünsche und deines Lebensziels. Du weißt es, schau in den Spiegel, erkenne dich, und du kannst das Ganze nur noch annehmen und bejahen.

Es ist großartig, was aus den Menschen entsteht, großartig, was sich alles entwickelt, großartig, wie die Menschen sich wieder im Sein einfinden.

So ist es, und so sei es!

Euer KRYON

Über die Autoren

Bettina Heiniger ist Jahrgang 1959 und wurde in Menziken, in der Schweiz geboren. Sie ist Medium, ganzheitliche Therapeutin und Lehrerin für neues Bewusstsein.
Als Gründerin leitete sie die Schule für spirituelles Feng-Shui in Luzern bis 2008.
2006 gründete sie gemeinsam mit ihrem Lebensgefährten Ralph-Dietmar Stief die Akademie für ganzheitliches Bewusstsein in ihrer Wahlheimat Mallorca

Ralph-Dietmar Stief wurde am 25.08.1952 in Münster/Westfalen geboren.
Bis 1994 studierte er Verwaltungswirt an der Universität Bielefeld und praktiziert seitdem als freiberuflicher ganzheitlicher Therapeut.
Der Autor lebt in seiner Wahlheimat Mallorca, wo er 2006 mit seiner Lebensgefährtin Bettina Heiniger die Akademie für gesamtheitliches Bewusstsein gründete.

www.betra4.com

Ralph-Dietmar Stief
Die NEUE ENERGIE
Raus aus dem Hamsterrad
168 Seiten, A5, broschiert
ISBN 978-3-95531-029-5

Wir befinden uns inmitten einer neuen Zeitepoche, in der alte Strukturen immer mehr auseinanderbrechen. Die Dinge „funktionieren" nicht mehr wie gewohnt, und der menschliche Verstand stößt immer mehr an seine Grenzen. Gleichzeitig finden wir gehäuft „seltsame" Phänomene in allen Lebensbereichen vor, und Lösungen treten auf unvorstellbare Weise in Erscheinung. Verantwortlich dafür ist die NEUE ENERGIE, die keine begrenzende Polarität mehr erzeugt, sondern auf pure Ausdehnung gerichtet ist.
Anhand authentischer Beispiele wird klar und verständlich aufgezeigt, wo die bisherige Realität ihre Grenzen hat und wie uns jetzt die NEUE ENERGIE unmöglich erscheinende Wege eröffnet – zu einem erfüllten Leben, in dem wir unsere Wünsche schnell umsetzen und leben können.

Carolin Schade
Lebe göttlich!
Energetischer Begleiter durch den Aufstieg
248 Seiten, A5, broschiert
ISBN 978-3-95531-087-5

Vermeintlich wird alles extremer. Wir Menschen entscheiden dabei, welche Realität an Präsenz gewinnt und welche dabei durch die Illusion sichtbar gemacht wird. Unsere Sonne und die Erde geben genügend Zeichen, damit wir verstehen, dass Realität durch uns und unseren emotionalen Körper entsteht.

Wir Menschen sind die Schlüsselfigur für die Entstehung von Leben auf unserem Planeten, und wir sind die Schlüsselfigur, falls Leben wieder verschwinden sollte. Wir wählen nun frei und nicht länger unmündig, welches Leben im Rahmen der Matrix existieren kann.

Nur auf der Grundlage des geöffneten Wahrnehmens werden wir verstehen, dass Gott in uns und in jedem Lebewesen ist.

Grazia Marchese
Götter in der Pubertät
Der Mensch auf dem Spielfeld Erde
312 Seiten, A5, broschiert
ISBN 978-3-95531-084-4

Das Wissen darüber, warum wir dieses Universum und unsere Körper erschufen, ermöglicht es uns, das Leben so zu genießen, wie es ursprünglich gedacht war: ein kreatives Spiel voller Spaß, Abenteuer und Lebensfreude.

Während wir Leben für Leben unsere individuelle Perlenkette aneinanderreihen, entfaltet erst das Bewusstsein über unser wahres Sein das gesamte Spielfeld. Die unzähligen Leben sind so genial miteinander verwoben, dass jeder auf seiner Stufe spielt, ohne die anderen zu behindern. Mit der Erinnerung unseres wahren Potenzials und der Beherrschung der Spielregeln führt uns jeder Weg direkt ins gewünschte Ziel.

Lasst uns gemeinsam dieses wunderbare Spiel genießen!

Karin & Gerold Voß
Die Meister und Meisterinnen der 12 göttlichen Strahlen
Ca. 200 Seiten, A5, broschiert
ISBN 978-3-95531-090-5

Der Wandel ist in vollem Gange. Wir haben uns alle auf Seelenebene dazu verabredet, und so fließen unendlich viele unterschiedliche Energien aus der Geistigen Welt in unser Sein und unterstützen den Prozess.
Die 12 Göttlichen Strahlen mit ihren Lenkern, Erzengeln und weiteren Heerscharen von Engeln wirken speziell auf die Chakren der Menschen, sodass eine Reinigung des Energiekanals möglich ist.
Lass dich berühren und von der göttlichen Kraft durchfluten, um selbst ein verlängerter Arm der Geistigen Welt zu werden. Dann ist eine klare Verbindung zum Himmel und zur Erde möglich, und die Menschheit kann gemeinsam mit allen Wesen des Himmels und der Erde den Planeten zu einem Paradies gestalten.

Ava Minatti
Der Weg der Shekaina
Der männliche und der weibliche Ausdruck der Zentralsonne
264 Seiten, A5, broschiert
ISBN 978-3-95531-083-7

Der Weg der Shekaina ist der Weg der Neuen Zeit. Shekaina bezeichnet die Urweiblichkeit des Universums: Muttergott.
Die Botschaften, die getragen sind von der Anerkennung der Andersartigkeit und der großen Liebe, handeln von der ursprünglichen Bedeutung der Vierten Dimension. Die verbindende Kraft unseres Emotionalfelds ist dabei ein wichtiger Schlüssel. Als Kosmischer Mensch sind wir Vermittler zwischen Himmel und Erde und eine Brücke zwischen altem und neuem Wissen. Wir tragen das Erbe der Wurzelrassen in unseren Zellen, das es gilt, zu aktivieren. So schließen wir (als Menschheit) einen Kreis und treten in eine neue Spirale unserer Entwicklung.